AF590799

COURTE BIOGRAPHIE

ET

LETTRES INÉDITES

DE

LA BIENHEUREUSE MARGUERITE-MARIE

L'APÔTRE DU SACRÉ CŒUR DE JÉSUS

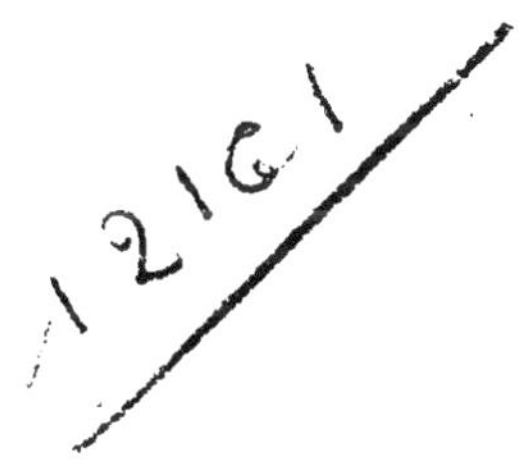

HOMMAGE

DE

L'APOSTOLAT DE LA PRIÈRE

LIGUE DU CŒUR DE JÉSUS

A LA

BIENHEUREUSE MARGUERITE-MARIE

EN SOUVENIR

DU SECOND CENTENAIRE

De sa sainte mort.

Vu et approuvé :

† Fl., Card. DESPREZ, *Arch. de Toulouse.*

COURTE BIOGRAPHIE

ET

LETTRES INÉDITES

DE LA

B. Marguerite-Marie

L'APÔTRE

DU SACRÉ CŒUR DE JÉSUS

TOULOUSE

IMPRIMERIE HÉBRAIL. — A. LOUBENS, Successeur

27, Rue d'Aubuisson, 27.

—

1890

CHAPELLE DE LA VISITATION A PARAY-LE-MONIAL.

COURTE BIOGRAPHIE

DE

LA B. MARGUERITE-MARIE

L'APÔTRE DU SACRÉ CŒUR DE JÉSUS [1]

BIEN souvent, depuis près de trente années, reviennent dans les humbles pages de notre *Messager du Cœur de* JÉSUS le nom, les œuvres et les paroles de Marguerite-Marie; et ce n'est, certes, que justice. DIEU n'a-t-il pas mêlé et confondu en quelque sorte, suivant la pensée de Mgr Pie, le culte de notre chère

[1] Nous n'avons fait que résumer dans cette Notice les principaux historiens de la Bienheureuse : La belle *Histoire de la B. Marguerite-Marie,* par *Mgr Bougaud* (Poussielgue frères, à Paris); le R. P. Charles Daniel, S. J., *Histoire de la Bienheureuse* (Lecoffre); et enfin le grand ouvrage publié par la Visitation de Paray : *La vie et les œuvres de la B. Marguerite-Marie* (Poussielgue).

Bienheureuse avec le culte même du sacré Cœur?

« Le triomphe de la B. Marguerite-Marie, dit le grand évêque, est le triomphe de la dévotion au Cœur de Jésus.

« C'est le triomphe par conséquent de ce Cœur lui-même[1]. »

Cette gloire vraiment unique de la Bienheureuse et la sainteté admirable de sa vie résultent de sa mission.

« Elle a été choisie — nous dit une voix autorisée — pour avancer la grande affaire de Dieu en ce monde, le triomphe de son amour. Ne soyez donc pas étonnés qu'il ait façonné avec tant de soins cette âme, qui devait être l'instrument de sa miséricorde infinie[2]. Or, selon la parole du Souverain Pontife, *Marguerite-Marie s'est montrée digne de sa sublime mission.* Elle a mérité que le Seigneur la choisît pour être l'*holocauste de sa charité*, l'*héritière de son Cœur* et que, lui donnant ce Cœur enlacé d'une couronne d'épines et surmonté d'une croix, il l'envoyât *dans les derniers temps,* et lorsque la terre semble se livrer au mal avec le délire d'une seconde enfance, pour dire aux hommes : « Voilà

[1] Œuvres du Cardinal Pie, t. V, page 425.

[2] Discours de Mgr de Marguerye, évêque d'Autun, pour la fête de la Béatification.

ce Cœur qui vous a tant aimés et qui, malgré dix-huit siècles d'ingratitude et de péchés, malgré la foi qui s'éteint et la charité qui se refroidit, vous aime encore, et vous aimera toujours. »

Nous nous préparons dès maintenant, et l'on se prépare de tous côtés à célébrer le Jubilé de la Bienheureuse; il nous est doux, à la veille de ce glorieux centenaire, de reproduire, du moins à grands traits, dans une rapide esquisse, les principaux linéaments de cette radieuse existence.

I

Non loin de la ville, désormais illustre, de Paray-le-Monial, le village de Vérosvres, avec l'humble hameau de Lhautecourt, où naquit notre Bienheureuse, se cache, loin du bruit et du mouvement des grandes routes, dans une des dernières ondulations que forment les montagnes du Mâconnais.

L'étroite vallée, d'un aspect sévère, est sillonnée dans toute sa longueur par des eaux vives, qui se creusent un lit tortueux à travers les rochers. Audessus du ravin où coule ce ruisseau, à droite, on aperçoit le village avec son église reconstruite à neuf en granit du pays, et récemment dédiée au sacré Cœur; elle est d'architecture romane et de la plus grande simplicité. Sur la gauche, au bord d'un canal aux contours irréguliers, alimenté par les mêmes eaux, s'élève le vieux manoir du Terreau, dont les charmilles et les allées de tilleuls rappellent, par leur ordonnance symétrique, le temps où Marguerite, encore enfant, fréquentait leurs ombrages.

C'est donc en ce petit coin du Charolais, au diocèse d'Autun, que Dieu plaça le berceau de sa servante.

Là, vers le milieu du dix-septième siècle, en ces orageuses années de la minorité de Louis XIV, laborieux enfantement d'un grand règne, vivaient, dans une condition paisible et modeste, les vertueux parents de Marguerite. Ils se nommaient Claude Alacoque et Philiberte Lamyn, tous deux recommandables par leur piété et par leur charité envers les pauvres. Outre cette fille bénie, ils eurent encore deux filles qui moururent en bas âge, et quatre fils, dont deux seulement, Chrysostôme et Jacques, parcoururent une carrière assez étendue pour devenir, plus tard, les imitateurs et les disciples de celle à laquelle ils donnaient le doux nom de sœur.

II

Dieu, qui destinait cette sainte enfant à ranimer dans le monde le feu de l'amour divin, voulut qu'elle en fût consumée la première. Toute petite, elle ne respirait que pour Jésus-Christ ; elle ne craignait que de lui déplaire. « Dès l'âge de deux à trois ans, écrit son premier historien, elle eut une si grande horreur de l'ombre même du péché, que ses parents, s'en étant aperçus, se contentaient, lorsqu'ils voulaient contrarier ses petites inclinations, de lui dire qu'il y avait en cela de l'offense de Dieu. Il n'en fallait pas davantage pour lui faire tout quitter. »

A cette délicatesse de conscience se joignit bientôt un tel amour de la prière, avec des instincts si précoces et si étonnants pour la pénitence, « qu'il y a lieu de douter, disent les mémoires, si depuis plusieurs siècles on a rien vu de pareil [1]. »

Pendant que croissait ainsi, arrosée des plus pures eaux de la grâce, cette simple fleur des champs, déjà si agréable à Dieu et aux anges,

[1] *Vie* de la Bienheureuse *par les Contemporaines.*

Mme de Fautrières, sa marraine, témoigna le désir de l'avoir auprès d'elle, afin de lui donner la première teinture des vérités chrétiennes et de lui apprendre ses prières. Cette demande ayant souri à ses parents, Marguerite, à l'âge de quatre ans, alla demeurer chez la noble dame.

Bâti sur une haute montagne, le château de Corcheval est environné de forêts. On y respire la solitude. Notre sainte enfant sentit s'y développer tous les attraits de sa belle âme. Ces profonds ombrages l'attiraient. « Toute mon inclination, dit-elle, n'était que de me cacher dans quelque bois; et rien ne m'en empêchait que la crainte de rencontrer des hommes [1]. »

A la porte du château, sur la terrasse même, se trouvait la chapelle, enveloppée elle aussi de charmilles. La jeune enfant s'y réfugiait sans cesse. Elle y passait de longues heures, « s'y tenant toujours à genoux, les mains jointes; et bien loin de s'y ennuyer, elle n'avait aucun plaisir en la vie égal à celui d'y demeurer longtemps, et n'en sortait qu'à regret [2]. »

« Je me sentois, dit-elle, continuellement pressée de dire ces paroles, dont je ne comprenois pas

[1] *Mémoire*, p. 290. — La Bienheureuse composa ce *Mémoire* sur l'ordre formel de son directeur et confesseur, le P. Rolin, S. J.

[2] Croiset, *Abrégé*, p. 3.

le sens : « Mon Dieu, je vous consacre ma pureté ; « mon Dieu, je vous fais vœu de perpétuelle chas- « teté. » Je les dis une fois entre les deux élévations

Chapelle du château de Corcheval, où la Bienheureuse prononça le vœu de chasteté.

de la sainte messe, que pour l'ordinaire j'entendois les genoux nus, quelque froid qu'il fît. Je ne comprenois pas ce que j'avois fait, ni ce que signifioit ce mot de vœu, non plus que celui de chasteté[1]. » Elle ne comprenait qu'une chose, c'est que ces mots mystérieux, qui venaient se placer sur ses lèvres aux heures les plus augustes, renfermaient le don complet d'elle-même à un Dieu qui lui semblait digne de tous les dons.

III

Rentrée chez ses parents après la mort de sa pieuse marraine, la petite Marguerite perdit encore, à huit ans, son excellent père. Cette mort laissait en de faibles mains le gouvernement de la jeune et nombreuse famille. Ce fut la première annonce des tribulations par lesquelles Marguerite fut initiée à la science du Calvaire. Chargée de la tutelle de cinq enfants, partagée entre le soin de sa maison et la conduite des affaires dont tout le poids retombait sur elle, obligée, par suite, à de longues et fréquentes absences, Mme Alacoque comprit bientôt qu'elle ne pourrait suffire à l'accomplissement de devoirs si divers, et prit sage-

[1] *Mémoire*, p. 290.

ment le parti de mettre sa fille en pension chez les Clarisses de Charolles.

Jusque-là, Marguerite n'avait reçu d'éducation « que des domestiques et des villageois. » Hors les deux années qu'elle passa dans cette maison, nous ne voyons pas qu'on ait pris beaucoup de soin de la culture de son esprit. Elle y apprit du moins à parler sa langue, à l'écrire, non pas sans doute avec toute la grâce et l'élégance d'une femme du grand monde, mais avec une correction suffisante et une propriété d'expressions que relève infiniment la noblesse de ses pensées.

Le silence du cloître des Clarisses, l'austérité et les prières continuelles des religieuses, le lever de la nuit, leur recueillement et leur modestie lui firent une impression profonde. Elle entrevit que c'était là le genre de vie que Dieu voulait d'elle. « Je pensois que si j'étois religieuse, je deviendrois sainte comme elles. J'en conçus un si grand désir que je ne respirois que pour cela. A la vérité, je ne trouvois pas le couvent où l'on m'avoit mise assez retiré pour moi. Mais n'en connoissant pas d'autres, je pensois qu'il me falloit demeurer là [1]. »

Notons ce nouveau trait. Ce couvent de Clarisses, fermé par des grilles austères, enveloppé de silence et de ferveur, n'était pas assez retiré pour sa-

[1] *Mémoire*, p. 291.

tisfaire ce besoin de vie cachée qu'éprouvait déjà la jeune enfant, et qui, du berceau à la tombe, ne devait plus cesser de croître.

A peine entrée chez les Clarisses, on lui fit faire sa première communion. Elle n'avait que neuf ans; mais des dispositions angéliques suppléaient à ce qui aurait pu manquer du côté de l'âge. Les résultats furent extraordinaires. Marguerite était gaie, vive, enjouée, naturellement portée au plaisir. A partir de ce jour, elle n'y trouva plus le même attrait.

Une grande maladie qu'elle fit à cette époque, et qui mit ses jours en danger, obligea sa famille à la retirer du monastère des Clarisses. Elle rentra à Lhautecour, où sa mère et ses frères, qui la chérissaient, l'entourèrent des soins les plus tendres. On usa de tout pour la guérir, mais inutilement. « On ne put jamais, dit-elle, trouver un remède à mes maux que de me vouer à la Sainte Vierge. On lui promit que si je guérissois je serois un jour une de ses filles. Je n'en eus plutôt fait le vœu que je fus guérie, et j'éprouvai une protection toute nouvelle de la Sainte Vierge, comme lui appartenant entièrement [1]. » Ce fut là le premier signe public de l'amour particulier de DIEU sur la sainte enfant. Elle en fut profondément

[1] *Mémoire*, p. 291.

émue et résolut plus que jamais d'être à lui sans réserve.

IV

Quand Marguerite malade avait été ramenée à Lhautecour, elle ne s'était pas aperçue du grand changement qui était survenu. Les démarches de sa mère pour rétablir un peu la fortune patrimoniale n'avaient pas réussi. Un nouveau bail pour les terres avait été passé, au nom des enfants mineurs, non plus avec leur mère, mais avec Toussaint Delaroche, leur oncle, lequel avait pris assez rudement la gestion des affaires qui périssaient. Sa femme s'était installée en maitresse absolue à Lhautecour. Peu à peu, la pauvre veuve avait été écartée et privée de toute influence.

Soit qu'elle fût faible de caractère, soit que toute la famille la rendît responsable de la gêne momentanée où l'on se trouvait, elle ne rencontrait que paroles aigres et mauvaise humeur. La sainte a dit tout cela à mots couverts, sans nommer personne, en prenant d'excessives précautions pour ne pas révéler les coupables ; mais à l'émotion contenue qui perce vingt ans après, à travers la réserve de son langage, on sent tout ce que dut souffrir cette âme si délicate et naturellement fière.

Ce n'était pourtant pas encore là sa plus grande peine. Marguerite aimait tendrement sa mère; elle souffrait horriblement de la voir ainsi abaissée, humiliée dans sa propre maison. « La plus rude de mes croix étoit de ne pouvoir adoucir celles de ma mère, lesquelles m'étoient cent fois plus dures à supporter que les miennes. Je n'osois pas même lui donner la consolation de m'en dire un mot, crainte d'offenser Dieu en prenant plaisir à nous entretenir de nos peines. C'étoit surtout dans ses maladies que mon affliction étoit extrême. Car, comme elle étoit abandonnée à mes soins et petits services, elle souffroit beaucoup, d'autant que tout se trouvant quelquefois fermé sous clef, il me falloit aller demander jusqu'aux œufs et autres choses nécessaires aux malades ; ce qui n'étoit pas un petit tourment pour moi, à cause de mon naturel timide, surtout après des villageois, qui me recevaient souvent fort durement [1]. »

Pour la soutenir dans de telles épreuves, Notre-Seigneur commençait à lui apparaître, et elle ne s'en étonnait pas; car elle croyait que les autres étaient traités de même. D'ordinaire, c'était « sous la figure ou de crucifié, ou d'*Ecce Homo*, ou por-

[1] *Mémoire*, p. 293.

tant sa croix. » Et cette vue imprimait en elle tant d'amour que les maux qu'elle souffrait, cet esclavage, ce mépris, cette mendicité et les coups même qu'elle recevait, lui paraissaient légers. « Quelquefois, dit-elle, quand on étoit prêt à me frapper, je m'affligeois que les mains qui étoient levées sur moi fussent retenues, et ne déchargeassent pas sur ma personne toute leur rigueur. Je me sentois continuellement pressée de rendre toutes sortes de services à ces personnes, comme aux véritables amies de mon âme, n'ayant pas de plus grand plaisir que de leur faire du bien et en dire tout celui que je pouvois [1]. »

V

D'une telle vie au cloître il n'y avait qu'un pas, et on devait s'attendre à voir Marguerite y entrer avec joie, ne regrettant rien d'un monde dont elle ne connaissait que les épines, et ne lui donnant pas même un regret. Mais si les choses se fussent passées ainsi, la vocation de notre sainte, dépourvue de sacrifice, n'aurait eu, ni aux yeux de Dieu,

[1] *Mémoire*, p. 295.

ni aux yeux des hommes, tout son parfum et son vrai prix.

Il advint donc que, comme elle entrait dans sa dix-septième année, tout changea autour d'elle. Ses deux frères aînés, arrivés à l'âge d'homme, prirent la conduite des affaires, et rendirent à leur mère la position et l'influence dont on l'avait dépouillée. D'autre part, Toussaint Delaroche, qui venait probablement de mourir, car on ne retrouve plus son nom dans cette histoire, avait, en dix années d'une administration un peu dure mais intelligente, rétabli la fortune compromise. L'aisance était revenue, et avec elle la gaieté. Le fils aîné, qui avait vingt-deux ans, et qui était devenu chef de la famille, avait besoin d'une compagne. « Tout cela, dit notre sainte, amenoit au logis beaucoup de monde, qu'il me falloit voir [1]. » Les relations de société commençaient, et peut-être plus brillantes que ne l'ont soupçonné les premiers historiens. Quand on lit les actes de baptême des frères et sœurs de Marguerite, on voit que presque tous avaient eu pour parrains ou marraines les seigneurs et les plus nobles dames des châteaux voisins.

Marguerite se vit promptement remarquée et recherchée. Chose singulière et pourtant explica-

[1] *Mémoire*, p. 298.

ble ! cette jeune fille qui avait été si forte au milieu de l'adversité, que ni les mépris ni les humiliations n'avaient fait fléchir, à peine le monde commença-t-il à lui sourire, qu'elle aussi commença à se parer pour lui plaire. Elle prenait goût aux réunions de plaisir ; elle diminuait ses prières ; elle éloignait ses confessions ; et son âme redescendait peu à peu des hauteurs où s'était élevée son enfance. « Je commençai à voir le monde, et je cherchois à me divertir autant que je pouvois [1]. »

Heureusement, DIEU surveillait cette âme, sur laquelle il avait de si grands desseins. « Mais vous, mon DIEU, continue-t-elle, vous aviez bien d'autres desseins que ceux que je projetois dans mon cœur. Vous me fîtes connoître qu'il m'étoit bien dur de regimber contre le puissant aiguillon de votre amour. »

Emue d'un tel amour, Marguerite se prosternait la face contre terre, demandait pardon, et prenait une rude et longue discipline. « Nonobstant cela, dit-elle, je ne laissois pas de retourner à mes vanités tout comme devant, et je retombois dans les mêmes résistances. »

Hâtons-nous d'ajouter qu'au milieu de ces alternatives, dans ses premiers regards vers le monde,

[1] *Mémoire*, p. 299.

rien n'altéra jamais la pureté immaculée de ce cœur. A vingt ans, Marguerite était ignorante comme un enfant. Elle avait horreur du mariage, et la pensée de la moindre impureté la faisait fondre en larmes. Plusieurs témoins du procès de canonisation ont affirmé qu'elle avait gardé l'innocence baptismale. Et, à défaut de témoins, il suffit d'ouvrir son *Mémoire.*

VI

Protégée par une telle innocence, Marguerite aurait triomphé plus vite, si la pensée de sa mère, qu'elle aimait avec une tendresse extraordinaire, et que par son mariage elle pouvait retirer d'un milieu où il y avait encore, pour elle, bien des épines, ne fût venue l'ébranler.

Trois ou quatre années s'écoulèrent dans ces terribles alternatives. En attendant de se donner toute à DIEU dans la vie religieuse, Marguerite s'appliquait du moins à le servir et à l'aimer dans les pauvres. Elle avait une telle compassion de leurs misères, que, s'il avait été en son pouvoir, elle ne se serait rien laissé. « Lorsque j'avois de l'argent, dit-elle, je le donnois à de petits pauvres pour les engager à venir auprès de moi, afin de leur apprendre leur catéchisme et à prier DIEU. Il en venoit tant, que je ne savois où les mettre pendant l'hiver. »

Elle se servait pour cela « d'une grande chambre, » qui subsiste encore. On y arrive par un escalier extérieur ; c'est au fond de cette chambre que se trouve la petite cellule de la Bienheureuse.

Quelquefois, en traversant la cour, son frère, apercevant ces bandes d'enfants pauvres, venait plaisanter sa sœur : « Chère sœur, vous voulez donc être maîtresse d'école ? — Eh ! mon frère, répondait-elle, si je ne le fais, qui donc instruira ces pauvres petits[1] ? » D'autres fois, une vieille tante Catherine venait gronder. Elle chassait impitoyablement ces enfants. « L'on croyoit que je donnois aux pauvres tout ce que je pouvois attraper ; mais je n'aurois osé le faire, crainte de dérober. Cela m'obligeoit, continue-t-elle, à caresser ma mère, pour qu'elle me permît de donner ce que j'avois. Comme elle m'aimoit beaucoup, elle me l'accordoit assez facilement [2]. »

Notre sainte jeune fille ne se contentait pas d'aimer et d'instruire les petits pauvres, elle allait visiter leurs familles, surtout quand il y avait des malades. Délicate et sensible comme elle l'était,

[1] Procès de 1715. *Déposition* de Chrysostôme.
[2] *Mémoire,* p. 302.

ayant horreur de toute malpropreté, frémissant d'épouvante devant la moindre plaie, jamais on ne saura ce qu'elle fit pour se vaincre, et de quels actes d'héroïsme fut rempli ce ministère. Elle n'en a dit qu'un mot très court, où l'on entrevoit des prodiges de courage, et, sous les réticences calculées d'un récit que l'obéissance lui imposa, des guérisons miraculeuses. « J'avois une extrême répugnance de voir des plaies ; il fallut d'abord me mettre à les panser, et même à les baiser pour me vaincre ; j'étois fort ignorante comme il falloit les panser ; mais mon divin Maître savoit si bien suppléer à mes ignorances, qu'encore que ces plaies fussent très dangereuses, elles se trouvoient guéries en peu de temps : aussi avois-je plus de confiance en sa bonté qu'aux remèdes que j'employois [1]. »

VII

Enfin, après un dernier assaut, plus violent que tous les autres, de la part de sa tendre mère et du démon, elle hésitait, ne sachant plus que faire,

[1] *Mémoire,* p. 303.

lorsque Notre-Seigneur lui vint en aide. « Un jour, dit-elle, après la sainte communion, il me fit voir qu'il étoit le plus beau, le plus riche, le plus puissant, le plus parfait et accompli de tous les époux ; et que lui étant promise, d'où venoit donc que je voulois tout rompre avec lui ? « Oh ! ap-
« prends, me dit-il, que si tu me fais ce mépris,
« je t'abandonne pour jamais ; mais si tu m'es
« fidèle, je ne te quitterai point et me rendrai ta
« victoire contre tous tes ennemis. J'excuse ton
« ignorance, parce que tu ne me connais pas en-
« core ; mais si tu m'es fidèle, je t'apprendrai à
« me connaître et me manifesterai à toi. »

Ces paroles, où il y a, à la fois, de l'autorité, de la majesté, de la tendresse, et cette sorte d'indignation de l'amour méprisé, percèrent d'un trait le cœur de Marguerite. Elle sentit, avec des flots de larmes, une lumière céleste descendre dans son âme. Elle renouvela son vœu de chasteté, décidée « à mourir plutôt que de changer. » En sortant de l'église de Vérosvres, elle déclara sa résolution à tous les siens, « priant qu'on congédiât tous les partis, quelque avantageux qu'ils pussent être [1]. »

Le ton dont elle parlait fit comprendre, même à sa mère, qu'il n'y avait plus à insister. Enfin, au printemps de l'année 1671, Marguerite, accom-

[1] *Mémoire,* p. 308.

pagnée de son frère, peut se mettre en route pour Paray-le-Monial ; là se trouvait un monastère de la Visitation, où elle a résolu de cacher et de finir sa vie.

VIII

Pourquoi choisissait-elle la Visitation ? Elle ne le savait pas bien ; mais nous le savons aujourd'hui. Elle voulait aller « dans une maison où elle n'eût ni parent, ni connaissance, afin d'être religieuse, sans autre motif que l'amour de Dieu. » En réalité, elle venait à la Visitation par une raison d'un ordre supérieur. Dieu, qui n'a pas élevé une montagne, creusé une vallée, dessiné un rivage sans savoir pour quel peuple ou pour quelle âme il travaillait, en créant la Visitation avait pensé à Marguerite-Marie. Il les avait faits l'un pour l'autre. Il avait fait la douceur, la simplicité, l'humilité, la vie cachée de la Visitation, pour qu'au jour où Marguerite-Marie y entrerait, elle pût s'y dilater comme dans son élément ; et, depuis vingt ans, il travaillait l'âme de notre sainte enfant, il la faisait douce, humble, simple, pure, afin qu'elle pût être un jour la plus haute fleur et le fruit le plus suave de la Visitation ; ou plutôt il les avait faits l'un et l'autre, le grand Ordre et l'humble vierge, afin qu'ils fussent tous deux, celui-là le théâtre, celle-ci l'apôtre et l'évangéliste d'une grande merveille dont ils ne se doutaient ni l'un ni l'autre.

On proposa à Marguerite plusieurs couvents de la Visitation. Il y en avait à Charolles, à Mâcon, à Autun, à Dijon, à Paray. « Mais aussitôt, dit-elle, qu'on m'eut nommé Paray, mon cœur se dilata de joie, et j'y consentis d'abord. » Elle partit donc avec son frère pour « venir vitement au lieu de son bonheur, le cher Paray. » En y mettant le pied, elle sentit je ne sais quoi de doux et de céleste, qui lui disait intérieurement : « C'est ici que je te veux. » Déjà un peu avant, ayant aperçu à Mâcon un tableau de saint François de Sales, il lui avait semblé que le saint la regardait avec tendresse. C'était quelque chose de semblable qu'elle éprouvait en ce moment. Elle se retourna vivement vers son frère qui l'accompagnait, et lui dit : « Tenez pour certain que je ne sortirai plus d'ici. » Les gens de Paray qui la virent entrer n'en jugeaient pas de même ; car elle était ce jour-là parée avec grâce, la joie sur le visage, les gestes vifs et heureux. On souriait en la regardant et on disait : « Voyez-la, qu'elle a bien les façons d'une religieuse ! » — « Et, en effet, ajoute-t-elle, je portois plus d'ajustements de vanité que jamais je n'avois fait, et me divertissois de même, pour la grande joie que je sentois de me voir enfin toute à mon souverain Bien [1]. »

C'était le 25 mai 1671. Trois mois après, elle prenait l'habit.

IX

Cette petite ville de Paray, établie dans une charmante vallée, enveloppée de montagnes, traversée par des eaux vives, ombragée par les plus beaux platanes du monde, repose au pied d'une vieille basilique que saint Hugues fonda au douzième siècle, pour essayer le plan qui devait servir à la construction de la colossale église de Cluny.

Le monastère, entièrement bâti à neuf dès 1642, s'élève dans une belle plaine, située au levant, et comme adossé au chevet de la vieille basilique. On peut le voir encore aujourd'hui dans toute sa simplicité primitive, car il n'a pas changé.

De vastes jardins, semés de statues et de chapelles, enveloppent tout le monastère de verdure, de silence et de paix. Le passage de la sainte a sans doute ajouté à tout cet ensemble un parfum

[1] *Mémoire*, p. 311.

qu'il n'avait pas, et en a fait comme un reliquaire tout plein de vestiges sacrés de Notre-Seigneur. Mais, dès cette époque, on ne pouvait y faire un pas sans y respirer le calme, la ferveur, l'oubli des hommes, la présence de DIEU.

X

La première parole que la maîtresse des novices, la vénérable mère Thouvant, adressa à la Bienheureuse, au lendemain de son entrée à Paray, est restée célèbre. Comme la jeune fille, embrasée du désir de se donner à DIEU, venait en demander les moyens à sa maîtresse, et la priait en particulier de lui enseigner le secret de faire oraison : « Allez, lui dit celle-ci, mettez-vous devant DIEU, comme une toile d'attente devant un peintre. »

La Bienheureuse alla donc se prosterner en silence aux pieds de Notre-Seigneur; et « d'abord que j'y fus, dit-elle, mon souverain Maître me fit voir que mon âme était cette toile d'attente sur laquelle il vouloit peindre tous les traits de sa vie souffrante, qui s'est écoulée dans l'amour, le silence et le sacrifice, jusqu'à sa consommation; mais que, pour faire cette impression, il fallait d'abord qu'il la purifiât de toutes les taches qui lui restaient, tant de l'affection aux choses terrestres que de l'amour de moi-même et de la créature, pour lesquelles j'avais beaucoup de penchant [1]. »

A partir de ce moment, Marguerite sentit s'allumer en elle un si ardent désir de souffrir, qu'elle n'en avait plus de repos. Son unique pensée était de savoir comment elle pourrait se crucifier assez pour un Dieu qui s'était laissé crucifier pour elle.

Trois mois s'écoulèrent dans ces pensées, au bout desquels on lui donna le saint habit. C'était le 25 août 1671, jour de saint Louis.

« Mon divin Maître, dit-elle, me fit voir que c'était là le temps de nos fiançailles... Et en effet, — ajoute la Bienheureuse — les faveurs de son amour furent si excessives qu'elles me mettoient souvent toute hors de moi-même, et me rendoient incapable d'agir. Cela me jetoit dans une si profonde confusion que je n'osois plus paroître [2]. »

Ce qui étonnait les sœurs dans cette petite novice, ce n'étaient pas seulement les longues heures qu'elle passait à genoux dans la chapelle ou dans sa cellule, ce visage lumineux, ces yeux pleins de

[1] *Mémoire*, p. 313,
[2] *Ibid.*, p. 314.

larmes; c'était une sorte d'absorption dont il fallait sans cesse la tirer.

Les supérieures étaient encore plus inquiètes que les sœurs; et, dès les premiers jours, la maîtresse des novices, la mère Thouvant, crut devoir déclarer à la Bienheureuse que toute cette manière de faire n'était pas l'esprit de la Visitation, et que si elle ne s'en retirait pas, on ne la recevrait pas à la profession [1].

Cette parole jeta Marguerite dans une grande désolation, et elle essaya de renoncer à ce genre de vie. Mais comment faire? « Cet Esprit, dit-elle, avait déjà pris un tel empire sur le mien, que je n'en pouvais plus jouir, non plus que de mes autres puissances, que je sentais absorbées dans lui [2]. »

« Je combattais contre lui — dit-elle encore — autant que je pouvais. » C'était la lutte de Jacob contre l'ange. Elle en sortait brisée, meurtrie, mais gagnant de plus en plus le cœur de sa maîtresse par son admirable obéissance.

On se décida enfin, après un retard de trois mois, à l'admettre à la profession, et, le 6 novembre 1672, dans la chapelle actuelle du monastère

[1] *Mémoire*, p. 314.
[2] *Ibid.*, p. 20.

de Paray, à la grille qui subsiste encore, Marguerite-Marie prononça ses saints vœux.

XI

L'année qui suivit ressembla à ces jours de printemps où, après une longue et silencieuse préparation, tout à coup, sous une douce rosée, tout fleurit dans la nature, tout embaume et s'épanouit. Ainsi, dans l'âme de notre sainte professe, il y eut, au lendemain de ses vœux solennels, une croissance si rapide en vertus que le monastère en fut étonné et ému. Plus tard on comprit la rapidité de ce progrès ; car quelques mois à peine nous séparent des grandes révélations du sacré Cœur.

L'ancienne supérieure venait d'être remplacée par la mère Marie-Françoise de Saumaise, que Dieu avait choisie pour en faire la première confidente de ses intimes communications avec notre Bienheureuse.

La mère de Saumaise avait beaucoup de maturité, et en même temps de décision ; un esprit juste, ferme et précis ; du feu cependant et de l'ardeur, mais tempérée par une grande bonté et la plus rare modestie. Avec cela, une connaissance parfaite des règles de la Visitation, et une connaissance non moins profonde des voies de Dieu.

Après avoir mis auprès de l'humble Marguerite une vierge éclairée d'en haut pour la consoler, la soutenir, la guider, lui servir de mère et de première confidente, il fallait que Dieu y mît aussi un prêtre, pour lui dire, à l'heure décisive, le mot qui calme les doutes et qui indique souverainement la route.

Ce prêtre, — écrit Mgr Bougaud dans son *histoire,* — Dieu le prit dans la Compagnie de Jésus.

Il voulut récompenser par là cette vaillante société des services qu'elle avait rendus à l'Église au milieu de la grande mêlée du seizième siècle, alors que, par son illustre fondateur, par ses premiers et héroïques disciples, par ses grands théologiens, elle avait si puissamment contribué à arrêter l'hérésie et à venger la foi. Ajoutons — continue Mgr Bougaud — que, pour prix de tant de services, pour la récompenser d'avoir élevé la jeunesse européenne tout entière, civilisé le Paraguay, évangélisé le Japon, versé son sang sur mille plages inhospitalières, enrichi la civilisation d'une foule de découvertes curieuses, et, ce qui vaut mieux, embaumé le monde du parfum de toutes les vertus, la Compagnie de Jésus allait être persécutée, honnie, ses membres les plus vénébles jetés en prison ou envoyés en exil, et qu'il était bien juste que DIEU lui donnât, dans des circonstances aussi critiques, non seulement un appui et une consolation, mais surtout un signe public de son amour [1].

Pour toutes ces raisons, le prêtre chargé de reconnaître et d'affirmer dans le monde la vérité des révélations du sacré Cœur fut tiré de la Compagnie de JÉSUS. Il se nommait Claude de la Colombière.

Or, pendant que DIEU préparait au dehors les appuis dont Marguerite allait avoir besoin, il achevait de former son âme.

Son noviciat s'était passé dans des joies et des consolations si grandes que la sainte avait peine à les supporter. « O mon DIEU, s'écriait-elle alors, suspendez vos douceurs, ou augmentez ma capacité pour les recevoir. » Quand elle eut fait profession, ces douceurs continuant à inonder son âme, elle commença à s'en étonner et à s'en inquiéter. Elle avait épousé un DIEU crucifié, anéanti, humilié, souffleté. Elle ne voulait pas d'autre sort. Elle se plaignait à Notre-Seigneur : « Eh ! mon DIEU, lui disait-elle, vous ne me laisserez donc jamais souffrir ! » On voit se poursuivre entre elle et Notre-Seigneur une lutte étrange. Notre-Sei-

[1] Mgr Bougaud, *Histoire de la Bienheureuse*, page 133.

gneur veut la combler des consolations de son amour. Elle n'en veut pas. Elle ne veut que des douleurs et des mépris.

« Une fois qu'il la comblait des délices du Thabor, ce qui lui était plus dur que la mort, n'ayant pas de conformité avec son Époux déchiré et crucifié au Calvaire, il lui dit intérieurement : Laisse-moi faire. Chaque chose a son temps. Maintenant mon amour se veut jouer de toi, selon son bon plaisir; mais tu n'y perdras rien [1]. »

Cependant, plus elle avançait, plus l'amour de Dieu la consumait. Sa frêle et délicate constitution ne résistait pas à de telles émotions. Maigre, pâle, avec une chair transparente à travers laquelle on apercevait comme la flamme de l'esprit, elle réalisait de plus en plus le chant de son noviciat :

Je suis une biche harassée,
Qui cherche l'onde avec ardeur;
La main du chasseur m'a blessée,
Son dard a percé jusqu'au cœur.

Quelquefois, pendant qu'elle était au chœur, à genoux, elle défaillait tout à coup. Il fallait l'emporter, toute tremblante et brûlante. Son visage était en feu, ses yeux en larmes. Elle ne pouvait rien répondre, ni même se soutenir. Une fois on la trouva étendue, défaillante dans le chœur, et

[1] *Mémoire*, p. 327.

des torrents de larmes coulaient doucement, mais sans interruption, de ses yeux.

C'étaient sans cesse des scènes pareilles, qui étonnaient les sœurs, qui les alarmaient, qui inspiraient aux unes de la pitié tendre et respectueuse, aux autres de l'admiration et de l'enthousiasme ; qui leur faisaient dire à toutes : « Qu'est-ce donc que ceci ? Que se passe-t-il entre DIEU et cette âme pendant de si longues heures ? N'est-ce que de l'illusion ? ou bien est-ce DIEU qui opère en elle ? mais alors pourquoi ? »

Ce que les sœurs se demandaient en ce temps-là, nous le savons aujourd'hui. L'obéissance a descellé les lèvres de l'humble vierge, et l'Église a authentiqué ses paroles.

XII

C'est alors qu'eurent lieu, sans du reste que la communauté s'en doutât, les grandes révélations du sacré Cœur. Je dis : les grandes révélations ; car — au milieu d'une multitude d'autres — il y en eut trois principales, très distinctes. La première, le 27 décembre 1673 ; la Bienheureuse avait vingt-six ans d'âge et un peu plus d'un an de profession. La seconde, l'année suivante, en 1674; on ignore le jour; mais le Saint-Sacrement était exposé dans la chapelle; et, d'après les usages du temps, on conjecture que ce devait être pendant la semaine de la Fête-Dieu. La troisième, enfin, eut lieu le 16 juin 1675, un des jours de l'Octave du Saint-Sacrement. Il y eut donc entre chacune de ces apparitions un intervalle assez considérable : sept mois entre la première et la seconde, et un an au moins entre la seconde et la troisième. Ce n'était pas trop pour que la Bienheureuse eût le temps de se remettre de telles émotions; une fois surtout, on crut qu'elle en mourrait.

A un autre point de vue, quand on considère ces trois apparitions dans leur ensemble, on est frappé de leur ordre, de leur graduation, de leur beauté croissante. C'est comme un drame en trois actes, par lequel Dieu a élevé peu à peu l'esprit de sa servante à la pleine intelligence de la mission inattendue qu'il allait lui confier.

XIII

Aux termes de la première révélation, la nouvelle dévotion allait être un plus grand effort du Cœur de Jésus, « passionné d'amour pour les hommes, » et voulant à tout prix les tirer « de l'abîme de la perdition. » Jusque-là les moyens ordinaires avaient suffi. Mais dans le triste état où était le monde, Jésus ne pouvait plus « contenir dans son Cœur les flammes de cette ardente charité » qui veut sauver tous les hommes.

Notre-Seigneur ne dit pas autre chose à la Bienheureuse, si ce n'est que dans l'accomplissement de ce dessein il se servirait d'elle, malgré son ignorance et sa faiblesse, ou plutôt à cause de cette ignorance, afin que tout fût fait par lui. Mais quand, comment, de quelle manière? Notre-Seigneur ne le dit pas, et la Bienheureuse, émue, n'eut guère la pensée ni la force de le lui demander.

La Bienheureuse garda de cette scène un souvenir, ou plutôt un stigmate ineffaçable. Elle ne le porta pas visiblement sur sa poitrine, comme saint François d'Assise ou sainte Catherine de Sienne; mais toute sa vie elle eut une plaie invisible au côté.

« Çette plaie, dit-elle, dont la douleur m'est si précieuse, me cause de si vives ardeurs, qu'elle me consume et me fait brûler toute vive. » Et, pour que ce divin mémorial ne s'affaiblît pas avec le temps, Notre-Seigneur, tous les premiers vendredis du mois, ravivait la plaie, en lui montrant de nouveau son Cœur.

Tel fut le premier acte de cette triple révélation. On n'y voit encore que le principe et comme l'inspiration de cette nouvelle dévotion ; mais dans quelle touchante beauté !

XIV

La seconde eut lieu en 1674, avant l'arrivée à Paray du P. de la Colombière, qui y vint dans l'automne de cette année. Après avoir montré dans la première révélation le vrai principe de la dévotion nouvelle, à savoir : un amour dont il ne pouvait plus contenir le feu dans son Cœur, Notre-Seigneur en révéla, cette fois, le caractère. Cette dévotion serait une amende honorable et une expiation pour tous les crimes du monde, une consolation pour son Cœur délaissé. Il appelait des âmes choisies à venir remplacer au pied de ses autels celles qui ne l'aimaient pas, et à suppléer, par leurs adorations et par leur amour, aux hommages qu'il ne recevait plus d'une foule refroidie et indifférente. « *Toi du moins*, et en parlant ainsi Notre-Seigneur s'adressait à toutes les âmes pieuses, *donne-moi cette consolation de suppléer à leur ingratitude autant que tu le pourras.* »

Et comme la Bienheureuse s'excusait en alléguant son insuffisance : « Tiens, dit-il, voilà de quoi suppléer à tout ce qui te manque. Et, en même temps, continue Marguerite, ce divin Cœur s'étant ouvert, il en sortit une flamme si ardente que je pensai en être consumée. » Image admirable de ce qu'allait être dans l'Église cette dévotion nouvelle.

Cependant, la mère de Saumaise était de plus en plus embarrassée. Elle se résolut à consulter; et, rompant pour la première fois le silence, elle en conféra avec des religieux dont nous ne savons pas les noms, « gens de doctrine, » disent nos vieux *Mémoires* [1]. Mais, soit que la Bienheureuse, si timide et si humble, se fût mal expliquée, soit plutôt qu'il y eût dans ces religieux, à l'endroit des manifestations surnaturelles, un préjugé qui est fréquent, le résultat de toutes ces conférences fut qu'il y avait en tout cela beaucoup d'imagination, un peu de tempérament, et, qui sait même ? quelque illusion du mauvais esprit, si habilement déguisée que la bonne sœur ne s'en apercevait pas.

L'obscurité augmentait donc au lieu de diminuer. Condamnée par ses supérieures et ses confesseurs, la Bienheureuse ne savait plus que de-

[1] *Contemp.*, p. 81.

venir. « Je faisais, dit-elle, tous mes efforts pour résister à mes attraits, croyant assurément que j'étais dans l'erreur. Mais n'en pouvant venir à bout, je ne doutais plus que je ne fusse abandonnée, puisqu'on me disait que ce n'était pas l'Esprit de Dieu qui me gouvernait, et que cependant il m'était impossible de résister à cet Esprit. » Un jour, qu'accablée sous le poids de toutes ces inquiétudes, elle exhalait ses plaintes aux pieds de Notre-Seigneur, il lui sembla entendre une voix qui lui disait : « Prends patience et attends mon serviteur. »

C'était le P. de la Colombière, avec lequel bientôt l'obéissance l'obligea de conférer. La Bienheureuse sortit de cet entretien illuminée et consolée. « Il m'assura, dit-elle, qu'il n'y avait rien à craindre en la conduite de cet Esprit, d'autant qu'il ne me retirait point de l'obéissance; que je devais suivre ses mouvements en lui abandonnant tout mon être, pour me sacrifier et immoler selon son bon plaisir. Il admira la grande bonté de notre Dieu de ne s'être point rebuté parmi tant de résistances, et m'apprit à estimer les dons de Dieu, et à recevoir avec respect et humilité les fréquentes communications et entretiens familiers dont il me gratifiait; ajoutant que je devais être dans de continuelles actions de grâces envers une si grande bonté. Et comme je lui eus fait entendre que ce

Souverain de mon âme me poursuivait de si près, sans exception de temps et de lieu, que je ne pouvais prier vocalement, à quoi je me faisais de si grandes violences que j'en demeurais quelquefois la bouche ouverte sans pouvoir prononcer une parole, surtout en disant le rosaire, il me dit de ne plus le faire, et de me contenter, pour les prières vocales, de ce qui m'était d'obligation. Et lui ayant dit quelque chose des plus spéciales caresses et unions d'amour que je recevais de ce Bien-Aimé de mon âme, et que je ne décris pas ici, il me dit que j'avais grand sujet en tout cela de m'humilier, et lui d'admirer les grandes miséricordes de Dieu à mon égard [1]. »

Nous avons cité cette page tout entière, parce qu'elle contient, sous une forme trop brève, une vraie lumière : quelque chose d'élevé, de doux, de juste, de sensé, de pieux ; et que c'est là d'ailleurs la grande parole du P. de la Colombière. Il en a dit bien d'autres sans doute. Il a longtemps prêché. Il a évangélisé la France, l'Angleterre. Mais il n'avait probablement été créé, amené de loin, préparé divinement par une suite de merveilles cachées, que pour dire cette parole-là. Cette parole dite, il va se retirer. Sa mission est finie. Il a rempli son rôle. Et assurément il n'en est ni de plus

[1] *Mémoire*, p. 346.

glorieux ni de plus utile ; car en éclairant une telle âme il en a éclairé des millions d'autres.

XV

C'est le 16 juin 1675 qu'eut lieu la dernière des grandes révélations relatives au sacré Cœur, celle qui allait clore le cycle de ces solennels entretiens, en en disant le dernier mot. Jusque-là notre humble vierge n'avait reçu de Notre-Seigneur que des faveurs intimes, assez semblables à celles dont de saintes âmes avaient déjà été gratifiées ; il ne lui avait demandé que des pratiques d'un culte tout individuel. Voici l'heure où il va l'investir de sa grande mission publique.

Pendant l'Octave du Saint-Sacrement, le 16 juin 1675, la Bienheureuse était à genoux devant la grille du chœur, les yeux fixés sur le tabernacle. Elle venait de recevoir « des grâces excessives de son amour : » — c'est le seul mot qu'elle en ait dit, — lorsque tout à coup Notre-Seigneur lui apparut sur l'autel.

Alors lui découvrant son divin Cœur :

« Voilà, lui dit-il, ce Cœur qui a tant aimé les hommes, qu'il n'a rien épargné jusqu'à s'épuiser et se consumer pour leur témoigner son amour ;

LA GRANDE RÉVÉLATION DU 16 JUIN 1672.

et en reconnaissance je ne reçois de la plupart que des ingratitudes, par leurs irrévérences et sacrilèges, et par les froideurs et mépris qu'il ont pour moi dans ce sacrement d'amour. Et ce qui m'est plus pénible, — ajouta le Sauveur, avec un accent qui alla au cœur de la Bienheureuse, — c'est que ce sont des cœurs qui me sont consacrés. » Alors il lui demanda de faire établir dans l'Église une fête particulière pour honorer son divin Cœur : « C'est pour cela que je te demande que le premier vendredi d'après l'Octave du Saint-Sacrement soit dédié à une fête particulière, pour honorer mon Cœur, en communiant ce jour-là, et en lui faisant réparation d'honneur par une amende honorable, pour les indignités qu'il a reçues. Et je te promets que mon Cœur se dilatera, pour répandre avec abondance les influences de son amour sur tous ceux qui lui rendront cet honneur, ou qui procureront qu'il lui soit rendu [1]. »

Voilà la dernière des grandes révélations. Elle est restée la plus célèbre. Et avec raison ; car tout ce qui regarde la dévotion du Cœur divin de Jésus s'y trouve : son principe, qui n'est autre que l'amour débordant de Dieu, l'amour essayant un plus grand effort pour vaincre le mal ; son but, qui est d'offrir à Dieu un culte de réparation, de

[1] *Mémoire*, p. 355.

consolation et d'amende honorable ; son caractère, qui est d'être un culte public, après avoir été si longtemps une dévotion intime ; ses effets, enfin, qui seront une nouvelle effusion de l'amour divin sur l'Église, et plus particulièrement sur les âmes pieuses qui s'en feront les propagatrices et les apôtres.

Le premier, le P. de la Colombière, examina sérieusement devant DIEU le récit de la Bienheureuse, et, éclairé d'en haut, il lui déclara que sans nul doute cette révélation venait du ciel, et qu'elle pouvait s'y confier. Rassurée ainsi, Marguerite-Marie n'hésita plus. Elle s'agenouilla devant le divin Cœur de JÉSUS, se consacra à lui solennellement, et lui rendit le premier et un des plus purs hommages qu'il recevra jamais sur la terre et au ciel. Le vénérable P. de la Colombière voulut se joindre à elle, et il se consacra, lui aussi, au Cœur de JÉSUS. C'était le vendredi 21 juin 1675, lendemain de l'Octave du Saint-Sacrement, le jour même qui venait d'être désigné par Notre-Seigneur pour être à jamais le jour de fête de son Cœur adorable. Il recevait ainsi, dans la personne d'un saint prêtre et d'une humble vierge, les prémices de ces adorations que l'humanité allait bientôt lui rendre [1].

[1] Dans l'*Image-Souvenir* de la Consécration des familles,

Ainsi s'acheva ce grand drame, à la fois triple et un, de la révélation du sacré Cœur.

Et ce que, trois fois de suite, Marguerite-Marie a vu là, dans cette chapelle, à travers cette grille, sur cet autel, dans cette extase, l'Eglise l'a vu aussi. Elle a examiné ce témoignage, ce récit, arraché par l'obéissance à la touchante modestie de notre sainte; elle l'a déclaré vrai, authentique. A la suite de l'humble vierge, elle s'est prosternée devant le sacré Cœur.

Et ce que Notre-Seigneur avait demandé a été fait. Partout on vient, le premier vendredi du mois, s'agenouiller devant le Cœur de Jésus, et lui faire amende honorable pour les incompréhensibles ingratitudes d'une humanité qu'il a aimée avec passion. Partout aussi, il y a des chrétiens qui se lèvent la nuit du jeudi au vendredi, des épouses, des mères, des jeunes gens, des vierges consacrées à Dieu, des prêtres, qui viennent veiller avec lui, pleurer avec lui, et imprimer quelquefois sur leur chair les stigmates sacrés de sa Passion. Partout enfin, dans toute l'Église catholique, le vendredi qui suit l'Octave du Saint-Sacrement

image que nous avons déja tirée à *huit cent mille* exemplaires, la partie supérieure représente cette double Consécration de la B. Marguerite-Marie et du Vén. P. de la Colombière.

est un jour solennel, consacré à contempler les tendresses et les dévouements du meilleur de tous le cœurs.

XVI

Voilà donc notre humble vierge chargée de la plus redoutable des missions. Elle, qui s'était enfermée dans le cloître, comme dans une tombe, pour y fuir à jamais les regards des hommes ; qui, dans l'intérieur du cloître, s'était cachée avec tant de soin, la voilà chargée de parler au monde entier, de fixer les regards de tous sur le Cœur divin de Jésus, connu seulement jusque-là de quelques âmes d'élite ; d'arriver jusqu'au Souverain Pontife lui-même, et d'obtenir qu'une fête nouvelle soit inscrite au cycle de l'année chrétienne.

Et, pour accomplir cette mission si difficile, quels appuis Dieu lui a-t-il préparés ?

Le seul homme, non pas illustre, mais pieux et éloquent, qui se montre un instant à Paray, disparaît aussitôt, comme si Dieu ne l'avait envoyé que pour calmer les inquiétudes de Marguerite-Marie, et l'abandonner ensuite à sa faiblesse.

En effet, quelque temps après la grande révélation dont nous avons parlé, le P. de la Colombière reçut ordre de se rendre en Angleterre, pour servir d'aumônier à Mme la duchesse d'York, Marie de Modène, princesse catholique, mariée à l'héritier présomptif de la couronne d'Angleterre. Le saint prêtre partit à la hâte, comme partent les soldats et les religieux, après avoir écrit deux mots à la Bienheureuse, pour lui recommander l'abandon à DIEU et l'humilité, et en avoir reçu un billet prophétique, où elle lui recommandait le courage au milieu des difficultés, la douceur vis-à-vis de ses futurs ennemis, et l'humilité dans le succès. Ce furent tous leurs adieux. Après quoi, la Bienheureuse se retrouva seule en face de sa périlleuse mission. Un moment, elle s'épouvanta et frémit; puis le calme rentra dans son âme, en entendant au plus intime de son cœur une voix qui lui disait : « Est-ce que DIEU ne te suffit pas [1]? »

L'heure ne pouvait pas être, ce semble, plus mal choisie pour enlever à Marguerite-Marie le guide éclairé qu'elle venait de rencontrer. On approchait du moment où notre sainte, appelée à faire connaître au monde les ineffables mystères du Cœur de JÉSUS, devait les connaître elle-même, mais par une douloureuse expérience. Le Cœur de JÉSUS, couronné d'épines, percé d'une lance, allait imprimer sur elle sa vive image. On se rappelle de quelles délices DIEU l'avait comblée pen-

[1] *Mémoire*, p. 356.

dant son noviciat et au jour de sa profession; délices mêlées cependant de l'annonce de je ne sais quelle croix qui viendrait plus tard, et qui serait telle que, sans un secours particulier de Dieu, elle ne pourrait pas la supporter.

Les douleurs physiques apparurent les premières. Le peu qu'elle avait de santé s'évanouit. Elle ne fit plus que languir; et des circonstances singulières donnèrent à cet état de souffrance je ne sais quoi de mystérieux.

En même temps, elle sentit redoubler une soif mystérieuse dont elle souffrait déjà, et que rien depuis ne put calmer, soit que l'ardeur qui la consumait eût desséché son sang, soit que Dieu voulût lui donner cette nouvelle ressemblance avec Notre-Seigneur crucifié. Encore ce n'était pas tout. Notre-Seigneur, achevant son œuvre, lui apparut une croix à la main, et lui dit : « Reçois, ma fille, la croix que je te donne, et plante-la dans ton cœur. Elle te fera sentir les plus rigoureux tourments. Ils seront inconnus et continuels. » A partir de ce jour, en effet, elle ne fut plus qu'un composé de souffrances qui faisait pitié; une image vivante du Cœur de Jésus, blessé, sanglant et couronné d'épines.

XVII

Mais, disent les contemporaines, son amour pour la peine et la souffrance était insatiable. Elle voulait avec sainte Thérèse « ou souffrir ou mourir, » et elle disait que de bon cœur elle vivrait jusqu'au jour du jugement, pourvu qu'elle eût toujours de quoi souffrir pour Dieu ; mais que vivre un seul jour sans douleur lui serait insupportable.

Pendant que ces choses se passaient dans l'âme de la B. Marguerite-Marie, il s'en préparait d'autres, dans l'intérieur même du monastère, qui allaient fournir un ample aliment à cette soif d'immolation qui la tourmentait.

Sa vie était devenue de plus en plus, pour ses compagnes, une énigme à laquelle on ne comprenait rien. On accusait l'humble sœur de ne rien faire comme tout le monde et de vouloir se singulariser.

Quelques-unes en venaient à dire que la sœur Marguerite-Marie était illusionnée. Il y en avait même qui allaient plus loin : elles se demandaient si elle ne serait pas possédée du démon, et quelques-unes lui jetaient de l'eau bénite en passant.

Enfin, après mille rigoureuses épreuves, la sage Supérieure qui avait remplacé la mère de Saumaise, la mère Péronne-Rosalie Greyffié, fut pleinement rassurée par d'évidents miracles et par les paroles si graves du P. de la Colombière.

Elle n'hésita même pas à se faire « le notaire » de la touchante donation ou « testament » solennel que Marguerite-Marie, sous l'inspiration divine, voulut formuler, en ce temps-là, pour livrer au Cœur de Jésus tout son être dans le présent et dans l'avenir.

Et « mon divin Maître — ajoute la Bienheureuse — témoigna de cet acte un grand contentement. Il me dit que, puisque son amour m'avait dépouillée de tout, il ne voulait pas que j'eusse d'autres richesses que celles de son sacré Cœur. « Je te constitue, me dit-il, héritière de mon Cœur et de tous ses trésors. Je te promets que tu ne manqueras de secours que quand je manquerai de puissance. Tu en seras pour toujours la disciple bienaimée [1]. »

XVIII

Le saint directeur de la Bienheureuse venait de quitter la terre, et il « était bien placé dans le ciel, par la miséricorde du sacré Cœur [2]. »

[1] *Mémoire,* p. 349.

[2] Témoignage de la Bienheureuse : *Contemp.,* p. 155. — On trouvera, sur le Vén. Père, d'intéressants détails dans

C'est peu après qu'eut lieu cette autre vision célèbre dont nous avons, il y a deux ans, fêté le second centenaire et qui fit éclater, à la fois, et la gloire du P. de la Colombière et la double et distincte mission confiée à la Visitation et à la Compagnie de Jésus, relativement au sacré Cœur.

Cependant, la mère Marie-Christine Melin avait succédé, à son tour, à la mère Greyffié dans la charge de supérieure, et le premier acte de cette pieuse mère fut de nommer Assistante notre Bienheureuse; bientôt, comme les novices affluaient, elle lui confia le soin de les former à la vertu.

La sainteté de Marguerite-Marie commençait, en effet, à éclater même au dehors et, comme parle le procès de Béatification, « à percer les derniers nuages [1]. »

Au reste, les jeunes âmes qui lui étaient confiées étaient dignes d'avoir une telle maîtresse. Aussi, à peine fut-elle entrée en charge, que « cette sainte fille, selon l'expression de nos vieux *Mémoires*, mit le feu de l'amour divin dans tous ces cœurs

la 11e édition de l'opuscule récemment publié sous ce titre : *Notice sur le Vén. Père Claude de la Colombière, S. J., directeur de la B. Marguerite*-Marie *et apôtre de la dévotion au Cœur de* Jésus, par le P. *Pierre-Xavier Pouplard.* Cette édition est suivie du récit de plusieurs grâces insignes, obtenues par l'intercession du grand serviteur de Dieu. Angers, chez Lachèze, 13, chaussée Saint-Pierre.

[1] Procès de 1715. Déposition de la sœur de Farges.

si bien disposés [1]. » Elle les anima de sa parole; elle les enthousiasma de ses exemples.

Cependant, dans son humilité profonde, elle ne disait jamais rien de ses grandes révélations; mais un jour, qu'on lisait au réfectoire la *Retraite spirituelle* du P. de la Colombière, le secret éclata, à l'indicible confusion de la Bienheureuse. Désormais, les novices n'eurent plus de doute. Leur maîtresse était une sainte, honorée des plus intimes entretiens de Notre-Seigneur. Elles se partageaient des morceaux de ses vêtements. Il est probable aussi qu'à partir de ce jour la Bienheureuse mit un peu moins de réserve dans ses communications; elle regarda la révélation faite par le Père de la Colombière comme une indication de la Providence; et le vendredi après l'Octave du Saint-Sacrement, « elle se hasarda à attacher à l'autel du noviciat une petite image du Sacré-Cœur, faite avec de l'encre [2]. »

Bientôt eut lieu au noviciat, le jour de sainte Marguerite, cette fête intime et touchante — la première fête du Sacré-Cœur — qui combla Marguerite-Marie d'une joie si vive. Elle paraissait transfigurée : « Elle avait, disent les manuscrits, l'air d'un séraphin. »

[1] *Circulaire* du 23 mars 1725.

[2] L'original est à la Visitation de Turin.

Il est probable que sa pensée devançait les temps, et que cette petite adoration du noviciat,

La première fête du sacré Cœur, au Noviciat.

elle la voyait se multiplier dans l'avenir, devenir universelle et perpétuelle, réchauffer l'Église, sauver la France, et apporter à Dieu une nouvelle et plus grande gloire.

XIX

L'heure est enfin venue, pour notre sainte, d'épancher au loin le feu qui la dévore. Elle commençait sa marche triomphante, cette grande et tendre dévotion à l'Amour infini ! A chaque lettre de la Bienheureuse, on aperçoit un nouveau progrès. D'abord obscure et cachée, couvant, pour ainsi dire, dans l'ombre du cloître, la voilà qui franchit toutes les grilles, qui perce et apparaît au grand jour. Après la chapelle de Paray, il y en a bientôt une seconde, celle du Bois-Sainte-Marie, bâtie par le frère même de la Bienheureuse ; puis celle de Dijon, et un peu plus tard celles de Moulins, de Semur. Demain chaque Visitation aura la sienne. Le culte est commencé.

La première fête publique eut lieu à Dijon, après Pâques 1689. Le chapitre ducal de la Sainte-Chapelle vint en procession dans l'église de la Visitation, et y chanta la messe en musique.

Le Saint-Sacrement fut exposé toute la journée, au milieu d'un concours inaccoutumé.

Peu après, une confrérie fut établie pour l'adoration perpétuelle du sacré Cœur. Toute la ville en voulut être, et on eut en quelques jours « six gros volumes de noms, où l'on rencontre les plus illustres de la province. »

Le culte public du sacré Cœur était solennellement inauguré. On pouvait croire terminée la mission de la Bienheureuse, quand tout à coup son couchant s'illumina. Elle eut, sur le bord de sa tombe, une nouvelle révélation, aussi éclatante que les révélations de sa jeunesse, où Dieu lui fit voir ses grands desseins sur la France, et un second côté, inattendu et admirable, de la dévotion au Cœur de Jésus.

XX

Nous venons, en 1889, de célébrer ce centenaire de la demande officielle d'un *culte social* à rendre au Cœur du bon Maître.

Jadis, pour reconstituer la France catholique et pour redonner à ce noble pays sa *nationalité* presque perdue, Dieu suscita une jeune fille : Jeanne d'Arc. L'héroïque guerrière de Domremy conduisit à Reims son monarque victorieux, et là, dans la vieille cathédrale de saint Remi, en présence de son merveilleux étendard, Jeanne d'Arc renoua l'antique alliance de nos rois avec Dieu. Ce pacte chrétien avait fait de la France « la fille aînée de l'Église, » et le « royaume de Jésus-Christ. »

Vers la fin du dix-septième siècle, ce glorieux contrat menaçait ruine de nouveau. C'est, en partie, afin de conjurer ce désastre, que le Sauveur Jésus avait suscité, comme une autre Jeanne d'Arc, l'humble Visitandine de Paray. Il allait donc lui confier cette sublime mission : Établir en France le *culte social* de son divin Cœur, et par la France établir dans le monde son *règne universel*. On était en l'année 1689. Déjà, depuis dix-sept ans, la B. Marguerite-Marie avait reçu bien des grâces, bien des célestes communications : une dernière allait mettre le sceau à toutes ces faveurs. Il ne restait plus à la Bienheureuse qu'une année de vie à passer sur la terre, quand le Seigneur lui manifesta le *rôle social* de la France dans le culte de son divin Cœur. Nous en recueillons le précieux témoignage dans deux lettres écrites de sa main.

La première est datée du 17 juin 1689. Ce jour tombait le vendredi qui suit l'Octave du Saint-Sacrement, vendredi choisi et désigné par le Sauveur lui-même pour la future fête de son divin Cœur.

Après avoir écrit :

« Il *régnera*, cet aimable Cœur, malgré Satan et ses suppôts ; »

Après avoir dépeint la dévotion au sacré Cœur de Jésus sous la symbolique figure d'un grand arbre, qui plonge ses racines dans l'Institut de la Visitation et couvre de ses branches les diverses maisons, la Bienheureuse poursuit en ces termes :

« Mais ce divin Cœur ne veut pas s'arrêter là : il a encore de *plus grands desseins*, qui ne peuvent être exécutés que par sa toute-puissance.

« Il désire donc, ce me semble, entrer avec pompe et magnificence dans la maison des princes et des rois, pour y être honoré autant qu'il y a été outragé, méprisé et humilié en sa Passion, et qu'il reçoive autant de plaisir de voir les grands de la terre abaissés et humiliés devant lui, comme il a senti d'amertume de se voir anéanti à leurs pieds. Et voici les paroles que j'entendis à ce sujet :

« Fais savoir au Fils aîné de mon sacré Cœur — parlant de notre roi — que, comme sa naissance temporelle a été obtenue par la dévotion aux mérites de ma sainte Enfance, de même il obtiendra sa naissance de grâce et de gloire éternelle par la *consécration* qu'il fera de lui-même à *mon Cœur adorable*, qui veut triompher du sien, et par son entremise de celui des grands de la terre. Il veut *régner* dans son palais, être peint dans ses étendards et gravé dans ses armes, pour les rendre victorieuses de tous ses ennemis, en abattant à ses pieds ces têtes orgueilleuses et superbes, pour le rendre triomphant de tous les ennemis de la sainte Église. »

Cette première manifestation, déjà si remarquable, fut suivie d'une seconde plus frappante encore, parce qu'elle est plus précise et plus complète. Par un nouveau message, le divin Sauveur réclame, en effet, l'intervention du roi de France : 1° pour bâtir un *temple* à son Cœur sacré; 2° pour y recevoir sa *consécration;* 3° pour obtenir du Saint-Siège une *messe* en son honneur; 4° enfin pour solliciter du Souverain Pontife *tous les autres privilèges* qui doivent accompagner la dévotion au divin Cœur, et qui partant doivent rendre son culte *universel* dans l'Église.

Tous ces faits se trouveront consignés dans la lettre que la Bienheureuse écrivait au mois d'août 1689. En voici deux extraits :

« Le Père éternel, voulant réparer les amertumes et angoisses que l'adorable Cœur de son divin Fils a reçues dans la maison des princes de la terre, parmi les humiliations et les outrages de sa Passion, veut établir son empire dans le cœur de notre grand monarque, duquel il se veut servir pour l'exécution de ce dessein.

« Il désire le voir s'accomplir en cette manière,

qui est de faire un *édifice* où serait le tableau de ce divin Cœur, pour y recevoir la *consécration* et les hommages du roi et de toute la cour. De plus, ce divin Cœur se veut rendre protecteur et défenseur de sa sacrée personne, contre tous ses ennemis visibles et invisibles, dont il le veut défendre, et mettre son salut en assurance par ce moyen. C'est pourquoi il l'a choisi comme son fidèle ami, pour faire *autoriser la Messe* en son honneur par le Saint-Siège apostolique, et en obtenir *tous les autres privilèges* qui doivent accompagner la dévotion de ce divin Cœur.

« Heureux donc qu'il sera (le roi), s'il prend goût à cette dévotion, qui lui établira un règne éternel d'honneur et de gloire dans ce sacré Cœur de Notre-Seigneur Jésus-Christ, lequel prendra soin de l'élever et le rendre grand dans le ciel devant son Père, autant que ce grand monarque en prendra de relever devant les hommes les opprobres et anéantissements que ce divin Cœur y a soufferts ; ce qui sera, en lui rendant et lui procurant les honneurs, l'amour et la gloire qu'il en attend. »

Hélas ! quelle qu'en soit la cause, ces tendres et magnifiques avances du Cœur de Jésus ne furent pas entendues.

XXI

En même temps que la Bienheureuse avait achevé sa première œuvre, elle en avait terminé une seconde, plus intime, non moins admirable : elle avait achevé de former son âme, de la faire à l'image du sacré Cœur. Au feu de la souffrance, du sacrifice volontaire, tout ce qui lui restait d'humain, d'imparfait, s'était peu à peu consumé. Il n'y avait plus rien en elle que de céleste. Et comme on voit que dans les grands incendies, quand elle a tout dévoré, la flamme tombe et s'éteint, faute d'aliment, ainsi les souffrances physiques et morales qui, depuis tant d'années, accablaient Marguerite-Marie, s'apaisaient les unes après les autres. Elle en concluait qu'elle allait mourir : « Je mourrai certainement cette année, disait-elle, parce que je ne souffre plus rien. »

Elle ajoutait une autre raison : « Je mourrai assurément, pour ne point empêcher les grands fruits que mon divin Sauveur prétend retirer d'un livre de la dévotion au sacré Cœur de Jésus [1]. »

[1] La Bienheureuse disait encore, bien qu'elle ne pût le savoir humainement, « que le P*** (Croiset) ferait imprimer au plus tôt » ce livre. On venait cependant de lui

On connaît cet admirable livre, qui, au témoignage de la Bienheureuse, « agréait si parfaitement à ce Cœur adorable » et qui devait tant servir « à l'exaltation du sacré Cœur de Jésus et à l'entier établissement de cette sainte dévotion. »

Le 22 juillet 1690, un peu moins de trois mois avant sa mort, elle sentit plus distinctement l'appel de l'Époux. Quoiqu'elle fût en bonne santé, âgée de quarante-trois ans, elle sollicita avec tant d'instance la grâce de faire une retraite de quarante jours pour se préparer à la mort, que la supérieure ne put s'y refuser. Elle a jeté sur le papier quelques-unes des pensées qui la préoccupaient alors, et qui permettent de contempler la beauté parfaite de cette grande âme.

Mais un miroir où l'on peut, semble-t-il, la contempler d'une façon non moins intime et beaucoup plus complète, c'est cette correspondance — jusqu'ici inédite et providentiellement retrouvée — avec le P. Croiset, qui fut, après le P. de la Colombière, le principal directeur de son âme.

Dans ces lettres si belles, que l'on trouvera ci-après, sont condensées, avec une vérité qui saisit et une simplicité qui touche, les traits les plus

écrire positivement « qu'on ne serait en état d'y penser que dans plusieurs années. » On sait que ce beau livre a pour titre : *La Dévotion au sacré Cœur de Notre-Seigneur* Jésus-Christ.

héroïques de son humilité incomparable, de son ardent amour des souffrances et du zèle qui la dévore pour le sacré Cœur. C'est dans ces précieuses pages qu'elle nomme le P. Croiset *mon très cher frère dans le sacré Cœur de* Jésus-Christ, qui *veut que je vous nomme ainsi;* et elle déclare que le Cœur de Jésus les a unis tous deux, *par égalité de biens, comme frère et sœur.*

Or, le dernier souhait qu'exprime la sainte dans ces lettres, et qui charmera tous nos Associés de l'Apostolat de la Prière, est ainsi conçu : « *Je souhaiterais, dit-elle, mettre à la fin du livre sur le sacré Cœur une manière de dresser toutes ses intentions au sacré Cœur de* Jésus-Christ, *pour faire ses actions par conformité avec lui au Saint-Sacrement de l'autel.* (10e lettre inédite du P. Croiset.) »

N'est-ce pas aujourd'hui, à la lettre, ce que font nos quinze millions d'Associés de l'Apostolat, dans leur Offrande quotidienne au sacré Cœur ? Avec quelle complaisance, en cette année de son centenaire, la Bienheureuse ne doit-elle pas, du haut du ciel, les bénir et seconder leurs pieux efforts !

XXII

L'automne vint, qui est l'époque où chaque religieuse fait sa retraite annuelle. Or, la veille du jour où elle devait commencer la sienne (car celle du mois de juillet ne la dispensait pas de celle-ci, prescrite par la règle), elle fut prise d'un léger accès de fièvre. Une sœur lui ayant demandé si, nonobstant cela, elle pourrait entrer en retraite : « Oui, répondit-elle, mais ce sera dans la grande. »

On était à l'avant-veille de sa mort; mais personne ne s'en doutait. Le médecin rassurait tout le monde, et le visage de la Bienheureuse achevait d'enlever toute appréhension. Cependant, sur le soir, on s'aperçut qu'elle souffrait beaucoup; mais c'étaient des douleurs intérieures, dont il était difficile de dire la nature et de pénétrer la cause. « Vous souffrez, lui dit-on. — Oh! pas assez ! » reprit ardemment la sainte; et elle retomba dans le silence. Un peu plus tard, vers le commencement de la nuit, elle appela son infirmière, et lui parla du brûlant désir qui la consumait de voir DIEU dans le ciel; ajoutant néanmoins qu'elle aimerait encore mieux demeurer sur la terre jusqu'au jugement dernier, si c'était son bon plaisir.

Ainsi se passèrent la journée et la nuit du 16 octobre. Au matin du 17, dont elle ne devait pas voir la soirée, elle fut assaillie de quelques légères défaillances, et elle demanda le Saint-Viatique. Le médecin, appelé en toute hâte, déclara que rien ne pressait et qu'elle n'en mourrait pas. « Vous verrez, » dit la sainte; et, quand il fut parti, elle dit à la sœur de Farges, au sujet du Saint-Viatique qu'on venait de lui refuser : « Heureusement, j'ai prévenu. Je me doutais qu'on ne me croirait pas si mal, et j'ai communié hier à cette intention. »

Vers les sept heures du soir, toutes les sœurs, averties qu'elle est à l'extrémité, accourent, se prosternent au pied de son lit, fondant en larmes. Elle recueille un reste de forces pour les conjurer d'aimer Dieu, mais sans partage et sans réserve; puis elle avertit qu'il est temps de lui donner l'extrême-onction.

Le prêtre entre et commence la cérémonie. La sainte priait, recueillie, absorbée. Tout à coup elle se soulève, pour présenter ses mains aux dernières onctions. A ce moment, deux sœurs se précipitent pour la soutenir dans leurs bras, emportées par le seul mouvement de l'affection qu'elles avaient pour la Bienheureuse. Ces deux sœurs, qui s'étaient levées si spontanément, c'étaient : à droite, la sœur Péronne-Rosalie Verchère, et, à sa gauche, la sœur de Farges; celles mêmes auxquelles la Bienheureuse avait prédit qu'elle mourrait dans leurs bras. Elles n'y avaient point pensé, et ne s'en souvinrent qu'après, ainsi qu'elles l'ont affirmé sous la foi du serment. A la quatrième onction, elle expira doucement dans leurs bras, en prononçant le saint nom de Jésus. C'était le 17 octobre 1690, à sept heures du soir.

Elle était âgée de quarante-trois ans, deux mois et quatre jours.

« Pendant que la Bienheureuse, consumée par les ardeurs séraphiques, s'en allait jouir des suaves embrassements du Cœur de Jésus [1], » une beauté inconnue se répandait sur son visage; ses traits, si délicats et si purs, prenaient une expression céleste. Les deux jeunes sœurs qui la soutenaient dans leurs bras recevaient une telle commotion d'amour divin, que l'une d'elles, la sœur Verchère, faisait au lendemain, à peine âgée de vingt-quatre ans, le *vœu du plus parfait;* et que la seconde, la sœur de Farges, se vouait à cette vie d'extraordinaire sainteté qui la fit surnommer une seconde Marguerite-Marie. Le médecin, à genoux au pied du lit, ne revenait pas de son admiration et disait qu'ayant vécu par amour, il n'était pas surpris qu'elle fût morte d'amour. On n'entendait par toute la maison qu'un cri : « La sainte est morte ! » Et ce cri ayant franchi les grilles, en un instant la ville entière fut dans les parloirs, demandant à la voir une dernière fois.

On la descendit en effet dans le chœur, et deux jours entiers s'écoulèrent à faire toucher à sa dépouille virginale des chapelets, des médailles, des crucifix. Les témoins entendus au procès de cano-

[1] Décret de béatification.

nisation ne savent comment peindre cet empressement des foules, cette vénération enthousiaste, ce recueillement ému, et cette suave odeur de sainteté qui s'exhalait des restes de la vierge. Le sacrifice était fini ; mais l'encensoir fumait encore, et il continue d'embaumer l'Église.

Châsse de la B. Marguerite-Marie.

LETTRES INÉDITES

DE LA

B. MARGUERITE-MARIE

AU

P. Jean CROISET, S. J.

Au mois de juillet 1888, nos Associés ont lu avec un vif intérêt, dans le *Messager du Cœur de* Jésus, la biographie du R. P. Jean Croiset, S. J.. que Notre-Seigneur lui-même appela *le véritable ami et le futur apôtre de son divin Cœur* [1].

Dans cette biographie de l'homme de Dieu, le R. P. Régnault a su remettre en lumière une existence demeurée fort obscure jusqu'à ce jour, et néanmoins si importante à connaître pour le culte du sacré Cœur. Aujourd'hui, grâce aux détails

[1] *Le R. P. Jean Croiset*, de la Compagnie de Jésus, par le R. P. Régnault. — Prix, *franco :* 50 cent.; douze ex., 5 fr. (Au bureau du *Messager du Cœur de* Jésus, 16, rue des Fleurs, Toulouse.)

historiques de cette notice substantielle, nous connaissons beaucoup plus les relations spirituelles qui existèrent entre la B. Marguerite-Marie et le P. Croiset ; nous savons mieux aussi la mission et l'apostolat de ce saint religieux, qui composa le beau traité de la *Dévotion au sacré Cœur de Notre-Seigneur* Jésus-Christ, et le premier de tous écrivit, en 1691, la vie de la Bienheureuse, dont Mgr Bougaud a dit :

« Le P. Croiset publia la *Vie abrégée* de la sainte ; son incomparable *Mémoire* vit le jour ; et en un instant le bruit des grandes révélations du sacré Cœur emplit la France et l'Église. »

Mais voici qu'une nouvelle et précieuse découverte va nous manifester encore davantage les saintes relations de la B. Marguerite-Marie et de son premier historien. On vient, en effet, de retrouver un vieux manuscrit, qui renferme dix lettres de la Bienheureuse au P. Croiset. Voici la lettre qui nous annonçait cette heureuse découverte :

I

Avignon, 6 avril 1889.

« Mon Révérend Père, P. C. — Le 25 octobre 1888, jour où la Compagnie célèbre la fête de la B. Marguerite-Marie [1], nous avons parcouru avec le plus vif intérêt un vieux manuscrit, nouvellement acquis par le bibliothécaire de notre maison. Ce manuscrit est couvert en parchemin et porte au dos ce titre : *Lettres de Sœur Alacoque.* Écrit tout entier de la même main, il renferme dix lettres de la B. Marguerite-Marie au P. Croiset, S. J., et compte cent quarante-trois pages de texte, format in-8°.

« Ces lettres ont été écrites du 14 avril 1689 au 21 août 1690. A peu près toutes commencent par ces mots, qui caractérisent les lettres des religieuses de la Visitation : *Vive* JÉSUS! L'une d'elles est ainsi datée : *De notre monastère de Paray, ce 18 février 1690.* Plusieurs sont signées des initiales suivantes : Sr. M. M. D. L. V. Ste. M. D. S. B. — *Sœur Marguerite-Marie de la Visitation Sainte-Marie.* DIEU *soit béni !*

« Elles forment un seul tout et tendent au même but. La B. Marguerite-Marie y prépare le P. Croiset à remplir sa mission d'apôtre du sacré Cœur, et l'engage à composer un ouvrage que Notre-Seigneur lui demande sur la dévotion à son divin Cœur [2].

[1] La Compagnie de JÉSUS ne peut célébrer cette fête le 17 octobre, à cause de l'octave de saint François de Borgia.

[2] Cet ouvrage a été publié à Lyon, chez Molin, en 1691.

« La seconde lettre, datée du 10 août 1689, a paru dans le *Messager du Cœur de* Jésus, en 1874, d'après l'original conservé à la Visitation de Bologne. Les neuf autres sont inédites dans leur texte intégral. Il est vrai que le P. Croiset en a fait de larges extraits, pour peindre les nobles sentiments et les vertus de la B. Marguerite-Marie, dans l'*Abrégé de la vie de Sœur Marguerite*. « Voici, dit le P. Croiset, ce qu'elle en a écrit « à un Père de la Compagnie de Jésus, en qui « elle avait quelque confiance et à qui elle découvrait ses plus secrets sentiments[1]. »

« Écoutons le témoignage du P. de Galliffet :

« Le P. de la Colombière étant mort, il (N.-S.) « suscita bientôt après, pour la même fin, un « autre Père de la même Compagnie, célèbre depuis par tant d'excellents ouvrages de piété, à « qui il inspira le même zèle. Il le conduisit à « Paray, où il connut la Sœur Marguerite; et il « eut tant de part à sa confiance, que cette sainte « fille entretint depuis, jusqu'à sa mort, un commerce de lettres avec lui pour la direction de « sa conscience, lui découvrant avec une entière « ouverture de cœur les secrets de son âme, et « les grâces qu'elle recevait. Ce fut ce nouveau « directeur que Jésus-Christ avait choisi pour

[1] Appendice de la *Dévotion au sacré Cœur*, page 29.

« écrire de la dévotion à son sacré Cœur [1]. »

« Le P. de Galliffet écrivait cette page en 1733, du vivant même du P. Croiset, qui fut son confident et son ami. Le même Père donne des extraits des lettres qui nous occupent et en précise les dates, dans la première édition latine qu'il publia en 1726 [2].

« Les contemporaines de la Bienheureuse fournissent un témoignage semblable à celui du Père de Galliffet. (Vie et œuvres, t. I, p. 312 de la 1re édition.) Et la Bienheureuse elle-même parle souvent, dans ses lettres à divers monastères, d'une correspondance qu'elle reçoit de Lyon. (Tome II de la 1re édition : pages 208, 226, 239, 249.)

« Le P. Croiset, tout en insérant dans ses écrits des extraits de ces lettres, ne donna jamais à entendre qu'elles lui eussent été adressées à lui-même. D'autre part, on savait à Paray-le-Monial la confiance que la Bienheureuse avait eue dans le P. Rolin, et la sage direction qu'elle en avait reçue, pendant les deux années qu'il passa dans cette ville. C'est sur l'ordre formel de ce saint directeur que l'humble vierge écrivit le Mémoire

[1] *Excellence de la Dévotion au sacré Cœur,* page 19.

[2] *De cultu sacrosancti Cordis* Dei *ac Domini Nostri* Jesu Christi. — *Ex litteris datis 10 augusti 1689. — 3 novembris 1689. — 17 januarii 1690. — 18 februarii 1690. — 16 maii 1690,* page 126.

complet de sa vie qu'on a le bonheur de posséder.

« On n'hésita pas à croire, à la Visitation de Paray, que les citations parues dans les livres des PP. Croiset et de Galliffet ne fussent des extraits de lettres adressées par la Bienheureuse au P. Rolin. Ces extraits ont donc été publiés dans la *Vie et les œuvres de la Bienheureuse Marguerite-Marie* sous ce titre : *Lettres de la Bienheureuse au R. P. Rolin, son directeur.* Toutefois, l'éditeur nous fait remarquer, avec raison, que l'autographe de ces lettres n'a jamais été en la possession du monastère de Paray, et que pour rendre plus complètes les copies qu'on possédait, on a dû avoir recours au livre du P. Croiset. (Vie et œuvres, t. II, page 266 de la 1re édition.)

« Les lettres, telles que les écrivait la Bienheureuse, ne donnent lieu, du reste, à aucune hésitation. Elles s'adressent à un jeune religieux qui se dispose à être ordonné prêtre, et que Notre-Seigneur a spécialement choisi pour écrire un ouvrage sur la dévotion au sacré Cœur. Or, le Père Rolin était déjà prêtre depuis 1682, et il n'a point composé d'ouvrage sur le sacré Cœur de Jésus. Le P. Croiset, au contraire, n'a dit sa première messe que le jeudi saint, 23 mars 1690, et quelques jours plus tard (15 avril), comme on le verra, la Bienheureuse lui écrivait :

« — J'eus le bonheur de passer la nuit du Jeudi-

« Saint devant le Saint-Sacrement avec un grand « contentement de mon âme, mais ce fut pour vous « comme pour moi, qui n'ai pas manqué d'assis- « ter en esprit à votre messe, sachant bien que j'y « avais bonne part, et j'en ai senti des effets par des « secours extraordinaires. »

« Je vous envoie, mon Révérend Père, une copie fidèle de ces lettres inédites de la Bienheureuse Marguerite-Marie.

« Puisse leur publication propager partout le *règne du Cœur de* JÉSUS, selon sa divine promesse :

« — Je règnerai malgré mes ennemis ! »

« Veuillez agréer les respectueux hommages de votre très humble serviteur en J.-C.

« F.-V. VIEILLE, S. J. »

II

Afin de favoriser l'élan pieux qui, en ce deuxième centenaire de la sainte mort de Marguerite-Marie (17 octobre 1890) entraîne les âmes vers la Bienheureuse et vers Paray-le-Monial, où repose son saint corps, nous sommes heureux de faire connaître, en son intégrité, cette correspondance précieuse et si heureusement retrouvée. Nous allons donc publier ici les neuf lettres de la Bienheureuse. Afin d'en rendre à tous la lecture plus facile et plus courante, nous avons seulement changé la vieille orthographe, modifié parfois la ponctuation et ajouté çà et là quelques mots. Les mots ajoutés sont écrits en italiques [1].

Cela dit, voici la première lettre du vieux manuscrit. Écrite au mois d'avril 1689, elle ne précède que de deux mois la lettre fameuse du 17 juin 1689, qui révélait au monde la mission nationale de la France pour établir le *règne social* du divin Cœur.

[1] En publiant divers extraits de ces lettres dans sa Vie de la Bienheureuse, le P. Croiset a modifié le style du texte original, mais il en a conservé le sens.

PREMIÈRE LETTRE

Vive † JÉSUS!

Ce 14 avril 1689.

Mon Révérend Père et mon Frère très cher au sacré Cœur de Notre-Seigneur JÉSUS-CHRIST, — Sans l'agrément *de Notre-Seigneur* je ne vous répondrais rien, nonobstant toute l'estime qu'il me donne pour vous et pour tout ce que vous me dites. Mais puisqu'il le veut, comme je le pense, je vous dirai simplement et sans façon tout ce qu'il me mettra en pensée, mais tout, s'il vous plaît, dans le sacré et aimable Cœur, qui seul a fait cette union de biens spirituels entre nous; c'est dans lui aussi que je la confirme pour toujours, tant elle m'est avantageuse.

Je ne vous ai peut-être pas dit [1] qu'ayant tout donné au sacré Cœur de Notre-Seigneur JÉSUS-CHRIST, sans me rien réserver, je ne vous puis faire part que de ses trésors infinis. Si je ne me

[1] S'agit-il d'une lettre ou d'un entretien de la Bienheureuse avec le P. Croiset? Nous l'ignorons.

trompe, lorsqu'il me fit connaître vouloir de moi sa chétive esclave cette donation, il me promit que je pouvais disposer de ce divin trésor comme mien, mais toujours suivant sa sainte volonté; laquelle je pourrais connaître par les répugnances et l'impuissance de faire en cela ce qui ne lui agréerait pas. *Or*, je puis vous assurer n'avoir pas ressenti *ces répugnances* à votre égard ; mais *j'ai été au contraire* toute pleine de bons mouvements, qui m'ont fait connaître l'agrément qu'il a de cette union, l'amour qu'il vous porte, et l'ardent désir qu'il a de vous départir avec profusion les richesses inépuisables de cet adorable Cœur, *et ceci*, non seulement pour vous, mais afin que vous les départiez aux âmes qu'il prétend gagner par votre moyen.

Tous ces mouvements que l'ardeur de son amour vous fait sentir *sont*, comme je pense, des dispositions à l'accomplissement des desseins qu'il a sur vous. Je vous conjure, par ce même amour, de persévérer avec fidèle correspondance par un parfait abandon de vous-même et de tout intérêt propre. Plus de regard, ni de souvenir de vous-même, pour le laisser agir envers vous et par vous selon ses désirs, qu'il vous fera connaître dans le temps qu'il a destiné.

Cependant, voyez si vous acceptez cette union en la manière susdite. Si vous désirez qu'elle sub-

VUE DE PARAY-LE-MONIAL.

siste, il faut que vous fassiez la même donation au sacré Cœur de mon Jésus, le jour que vous lui offrirez le premier saint Sacrifice, dans son mystère d'amour, vous consacrant et vous donnant tout à ce divin Cœur, pour l'aimer, le glorifier, lui procurer tout l'amour et la gloire dont il vous rendra capable, soit de parole ou d'écrit, afin que, par ces moyens, il vous fasse également part de ses trésors infinis; par *eux* j'espère qu'il vous fera dire éternellement : *Misericordias Domini in æternum cantabo.*

Mais je ne vous puis exprimer la joie que vous m'avez donnée en offrant pour moi le chapelet et cette communion, comme *aussi* de ce que vous offrirez encore la sainte Messe une fois tous les mois selon mon intention. *Cette intention* n'est autre que celle du sacré Cœur de mon aimable Jésus, qui, je l'espère, vous récompensera avec profusion de cette grande charité; *je* lui *ai* tout sacrifié pour l'appliquer selon ses désirs, afin que ceux qui prient pour cette chétive pécheresse s'attirent à eux-mêmes beaucoup de grâces. J'espère qu'il les versera abondamment sur votre chère âme, quand vous lui offrirez ce divin sacrifice d'amour, qui est le plus riche présent que vous me puissiez faire. Il fait tout mon bonheur, mon plaisir, ma consolation et ma joie dans cette vallée de larmes.

Oh! que vous serez heureux de participer tous les jours à ce divin Sacrement, de tenir ce DIEU d'amour entre vos mains et de le mettre en votre cœur! Je n'envierais que ce seul bien et *celui* de consumer[1], comme un cierge ardent, en sa sainte présence, tous les moments de vie qui me restent. J'accepterais pour cela, me semble-t-il, de souffrir toutes les peines qui se peuvent imaginer, même jusqu'au jour du jugement, pourvu que je ne fusse plus nécessitée d'en sortir, sans autre motif que de me consumer en l'honorant, et reconnaître l'ardente charité qu'il nous témoigne dans cet admirable Sacrement, où son amour se tient captif jusqu'à la consommation des siècles. C'est là vraiment où l'on peut dire :

L'amour triomphe, l'amour jouit,
L'amour dans DIEU se réjouit.

Et afin que je le fasse aussi dans lui, dites-moi le jour qu'il vous inspirera de l'offrir pour moi, de même la communion que vous ferez, afin qu'avec la permission de l'obéissance, je communie pour vous ce jour-là. Tous les jeudis, je vous dirai *encore* les litanies du Sacré-Cœur.

Presque depuis *le jour où* j'ai eu le bonheur

[1] La Bienheureuse a mis *consommer*.

d'être en la sainte religion, l'obéissance m'a permis de veiller une heure de la nuit, du jeudi au vendredi, avec mon Jésus. *Alors je me* prosterne en souvenance de cette heure dont il se plaignait, *disant* que ses disciples n'avaient pu veiller avec lui. Je le ferai une fois tous les mois pour vous, ou du moins ce que l'obéissance me donnera en échange, lorsqu'elle jugera à propos *de* me changer cette œuvre en quelqu'autre plus pénible. Mais que je vous suis obligée de la charité que vous me faites et que vous promettez de me faire! Je vous en remercie au nom du sacré Cœur de mon Souverain, à qui tout appartient; il prendra soin de vous le reconnaître.

Si vous saviez l'ardent désir qui me presse qu'il soit connu, aimé et glorifié, vous ne me refuseriez pas de vous employer à cela. Si je ne me trompe, il le veut de vous, et, lorsqu'il vous en donnera le loisir et le mouvement, vous emploierez vos écrits pour un si digne sujet; surtout quelques méditations pour une solitude (retraite) de dix à douze jours, selon qu'il vous l'inspirera.

Je vous avoue que ce désir de le faire connaître et aimer me ferait livrer de bon cœur à tous les tourments les plus cruels, et même à ceux de l'enfer, à la réserve de le haïr. Si je le pouvais faire régner dans les âmes et établir l'empire de son amour dans tous les cœurs, que je m'estimerais heureuse! Mais hélas! quelle douleur pour moi qu'en cela même je ne lui serve que d'obstacle! Car si je vous pouvais exprimer combien je suis méchante, ingrate, et infidèle à son amour, vous n'auriez jamais le courage de consentir à cette union de biens spirituels, par laquelle j'espère obtenir miséricorde. Me voyant si pauvre et si misérable, je ne croyais avoir fait aucune action qui ne mérite plus de châtiments que de récompenses.

Mais ce qui fait ma plus grande peine, c'est que je crains de n'être qu'une hypocrite qui ai trompé les créatures, quoique sans le vouloir. Prenez donc garde de ne vous pas rendre de ce nombre, et priez cet adorable Cœur de Jésus qu'il m'ensevelisse dans un éternel mépris et oubli de toutes les créatures. *Qu'il me donne aussi* le parfait oubli de moi-même et cette parfaite humilité de cœur dont je suis si éloignée, quoique persuadée que mon Dieu ne se plaît que dans les âmes anéanties, et que pour être tout en lui il ne faut être rien en soi.

Intéressez-vous donc *auprès* de notre bon Maître, pour m'obtenir ces grâces dans le don de son pur amour, qui contient tout le reste; je ne manque pas aussi de les demander pour vous, avec tout ce que vous me marquez. Mais je vois bien, par tout ce que vous me dites, que je n'ai point d'amour pour mon DIEU. Ce qui me console, c'est que vous l'aimerez pour moi, qui n'ai pourtant autre prétention en la vie; mais ce maudit amour-propre est le poison qui ruine tout [1].

Il est vrai que j'ai eu autrefois trois désirs si ardents, que je les regarde comme trois tyrans qui me faisaient souffrir un continuel martyre, sans me donner aucun repos : c'était d'aimer mon DIEU, de souffrir et de mourir dans cet amour.

Mais à présent, mon cœur, je crois, s'est attiré par ses infidélités cet état de réprobation et d'insensibilité ; ne pouvant plus rien vouloir ni désirer, encore que je voie bien que tout me manque en ce qui regarde la vertu. Je voudrais quelquefois m'en affliger, mais je ne le peux pas ; n'étant plus à moi-même, je n'ai plus de liberté ni de pouvoir sur moi-même. Et voici la pensée qui me console, *c'est* que le sacré Cœur de Notre-Seigneur JÉSUS-CHRIST fera tout cela pour moi : si je le laisse faire, il voudra, il aimera pour moi, et suppléera à toutes mes impuissances et défauts. Priez-le *pour moi*, je vous en conjure.

[1] Pour les deux paragraphes suivants, voir l'*Abrégé de la Vie de la B. Marguerite-Marie*, par le P. Croiset, 4e édition, pages 98-100. — *Vie et œuvres de la B. Marguerite-Marie*, tome II, lettre 133.

Il est bien vrai, *comme* vous me dites, que celui qui aime ne croit pas, même au milieu des plus grandes souffrances, rien souffrir; mais vous m'avouerez bien aussi qu'on ne peut aimer sans souffrir, et l'amour de mon Dieu est un tyran impitoyable, qui ne dit jamais : c'est assez! Mais il fait bon vivre et mourir sous son empire.

Pour ce qui est du désir qui vous presse de vous sacrifier au salut des infidèles, dans les pays étrangers, je pense que quand ce désir vous pressera, vous le pourrez représenter; et puis vous abandonner à toutes les dispositions que Notre-Seigneur fera de vous, par l'ordre de l'obéissance.

Mon Dieu, j'abuse de votre patience avec bien de la liberté, par un si long discours! Mon peu de loisir m'obligeant *même* à *le* faire à tant de reprises, je crains de vous avoir redit souvent la même chose; mais la charité du sacré Cœur de notre souverain Maître, qui règne dans le vôtre, excusera et pardonnera tout. Je ne sais si vous agréerez le mouvement dont il me presse, qui est de vous présenter de sa part un petit livre, dont on nous a fait présent; *une* personne fort zélée *pour* sa gloire l'a fait imprimer. Il me semble vouloir que je m'en dépouille en votre faveur [1]. Enfin, je

[1] Petit livre de la Mère Joly, imprimé à Dijon. Le P. Croiset devait l'annoter.

le supplie de vous consumer des plus ardentes flammes de son pur amour.

Sr M.-M. D. L. V. S. M. [1]. Dieu soit béni éternellement !

P. S. — Puisqu'il est vrai, comme je le pense, que Dieu ne vous communique ses dons extraordinaires que pour vous faire un grand saint, je ne manque *pas* de l'en remercier, et de lui demander pour vous la grâce que vous y correspondiez selon toute l'étendue de ses desseins. Faites, je vous en conjure, la même chose pour moi ; car ses miséricordes sont grandes et incompréhensibles à mon égard, et, en même temps, demandez-lui pardon de mes ingratitudes et infidélités. Le petit office contenu dans ce livre a été composé par un Révérend Père de votre Compagnie [2]...

Maria *concepta sine peccato*.

[1] Sœur Marguerite-Marie de la Visitation Sainte-Marie.
[2] Le R. P. Gette.

DEUXIÈME LETTRE[1]

Vive ✝ Jésus !

Ce 10 août 1689.

J'ai prié mon divin Maître que, puisqu'il ne me permettait pas de répondre à la vôtre précédente, il eût la bonté de le faire lui-même par l'abondance de ses grâces et les ardeurs de son pur amour, dont je souhaite nos cœurs toujours brûlants et consumants pour le temps et l'éternité.

Je crois, si je ne me trompe, qu'il ne m'a différé la consolation de cette réponse que pour me *la* donner plus grande, lorsque vous lui auriez donné le plaisir qu'il attendait : ce petit ouvrage n'est que le commencement de ce qu'il attend dans la suite; et vous avez bien fait de ne *pas le* différer plus longtemps, sous le prétexte de vos autres occupations[2]; car elles ne vous auraient pas été une

[1] L'autographe de cette lettre est au monastère de la Visitation de Bologne. Elle a été publiée, pour la première fois, par le *Messager du Cœur de* Jésus, t. XXVI, page 236.

[2] Il n'est question ici que du petit Recueil d'exercices en l'honneur du sacré Cœur de Jésus, publié par les Visitandines de Dijon, et réimprimé à Lyon avec les additions d'un « très saint religieux. » (Voir, ci-dessus, p. 15.)

excuse légitime devant ce sacré Cœur, après vous avoir donné des preuves si convaincantes de sa volonté sur ce sujet : elle vous doit ôter les doutes qui vous pourraient arrêter à l'avenir.

Vous me demandez de vous répondre amplement. Je vous assure, mon très cher frère dans le sacré Cœur de Jésus-Christ, qui veut que je vous nomme ainsi, que je vais vous dire en sa sainte présence tout ce qu'il m'inspirera pour sa gloire, n'étant pas en mon pouvoir de le faire autrement, ni de rien pouvoir pour écrire. *Je dois* dire tout simplement ce qu'il me met en pensée, sans *me mettre* en peine du succès, cela étant réservé à sa souveraine puissance. *Elle* fait tout ce qui lui plaît par des moyens même qui, selon le raisonnement humain, paraissent plutôt des obstacles que des acheminements à ses desseins ; *cela* fait que je me regarde dans celui-ci comme la boue qu'il mit sur les yeux de l'aveuglé-né, laquelle semblait être un moyen contraire au dessein qu'il avait de lui rendre la vue.

Il faut donc vous dire que la lecture de la vôtre, avec les livres que vous avez eu la bonté de nous envoyer, m'a fait sentir un grand transport de joie : je n'en pus contenir mes larmes, en me prosternant devant l'infinie grandeur de notre Souverain, pour le remercier de la grâce qu'il vous avait faite de vous choisir pour un dessein qui lui doit être si glorieux, par le grand nombre d'âmes que cette dévotion à son divin Cœur retirera de la voie de perdition, pour les remettre dans celle du salut.

C'est ce qui lui donne un si ardent désir d'être connu, aimé et honoré des hommes, dans le cœur desquels il a tant de désir d'établir par ce moyen l'empire de son pur amour, qu'il promet de grandes récompenses à tous ceux qui s'emploieront à à le faire régner. Oh ! donc, que vous êtes heureux d'être de ce nombre ! Il me semble vouloir que je vous assure de sa part que ce commencement lui a donné tant de plaisir, qu'il a fait dessein de vous donner les grâces qu'il avait destinées à un autre, lequel s'est voulu excuser, sur ses occupations, de faire ce que vous avez fait. Il veut, si je ne me trompe, que vous *le* fassiez à l'avenir, pourvu que vous ayez le courage de poursuivre, malgré tous les obstacles et contradictions que Satan pourra susciter, dans la suite de l'exécution de ce qu'il désire de vous. Il vous soutiendra, et ne vous laissera manquer d'aucun moyen nécessaire pour cela ; pourvu qu'avec un parfait oubli et défiance de vous-même, vous attendiez tout de lui avec une humble et amoureuse confiance en sa bonté, de laquelle il me fait bien connaître la grandeur *en* cette rencontre.

Je regarde comme une merveille les saintes dispositions de ces cœurs, d'avoir été si susceptibles de la dévotion et amour de celui de notre adorable Maître [1]. Oh ! que de grâces il a faites à ces chères âmes, de leur faire goûter si promptement une dévotion si propre à leur sanctification ! Je les regarde toutes, dans ce divin Cœur, comme autant d'âmes qu'il s'est choisies et prédestinées à son amour éternel ; mais surtout ce bon libraire [2] qui s'y est porté d'une si bonne volonté. Par cette dépense, *il* s'est acquis une place dans ce Cœur adorable, qui se rendra son asile assuré à l'heure de la mort. Il n'a jamais rien fait qui lui soit mieux récompensé ; et vous m'avez fait un grand plaisir de m'avoir marqué toutes ces choses par le menu ; car vous ne sauriez croire combien cet aimable Cœur m'en fait sentir de consolation, bien que je me sente toujours dans un abîme de confusion dans la vue continuelle de mon néant ; cette souveraine puissance m'*y* tient tellement anéantie, qu'il me semble m'être impossible d'en sortir un seul moment.

C'est là où je me voudrais fondre d'action de grâces et de reconnaissance envers ce divin Cœur, pour les grandes grâces qu'il nous fait, en voulant

[1] Les écoliers des Pères de la Compagnie de Jésus au Collège de Lyon.

[2] Voir *Vie et œuvres de la B. Marguerite-Marie,* t. II, p. 215, *Lettre à Sœur J.-M. de la Barge.*

bien se servir de nous pour aider à le faire connaître, aimer et honorer; à quoi il attache des biens infinis pour tous ceux qui s'y emploieront de tout leur pouvoir, suivant son inspiration. Suivez donc courageusement celle qu'il vous donne du dessein que vous me marquez; c'est tout ce que j'avais prétendu vous demander par ces méditations marquées dans la mienne, où peut-être ne m'étais-je pas exprimée juste. C'est cette retraite spirituelle que ce divin Cœur demande avec ardeur, pour attirer les âmes à vivre selon ses saintes maximes, en se renfermant avec lui par amour. Faites donc sans différer ce qu'il désire de vous; car je ne peux m'empêcher de vous dire qu'il me presse ardemment pour cela, par le désir, qu'il découvre de plus en plus à son indigne esclave, qu'il a d'être connu, aimé et honoré des hommes, pour réparer les grandes amertumes et humiliations qu'ils lui ont fait souffrir, et dont il veut, par ce moyen, leur appliquer les mérites.

Mais il fait connaître ce désir être si excessif, qu'il a promis à tous ceux qui se consacreront et dévoueront à lui pour lui donner ce plaisir (qui est de lui rendre et procurer tout l'amour, l'honneur et la gloire qui sera à leur pouvoir, suivant les moyens qu'il leur en donnera), qu'il ne les laisserait jamais périr; qu'il leur serait un asile assuré contre toutes les embûches de leurs ennemis, mais surtout à l'heure de la mort; qu'il les recevrait amoureusement dans ce divin Cœur, mettant leur salut en assurance, prenant soin de les sanctifier et de les garder devant son Père éternel, autant que l'on prendrait de peine d'agrandir le règne de son amour dans les cœurs ; et que, comme il est la source de toutes bénédictions, il les répandrait abondamment dans tous les lieux où serait honorée l'image de ce sacré Cœur, parce que son amour le presse de départir le trésor inépuisable de ses grâces sanctifiantes et salutaires dans les âmes de bonne volonté, cherchant les cœurs vides pour les remplir de la suave onction de son ardente charité, pour les consumer et les transformer toutes en lui. Il veut des esprits humbles et soumis, sans *autre* curiosité que d'accomplir son bon plaisir.

De plus, il a promis qu'il réunirait, par ce moyen, les familles divisées et protégerait celles qui seraient en nécessité; qu'il répandrait cette suave onction de sa charité dans toutes les communautés religieuses où il serait honoré, et qui se mettraient sous sa particulière protection ; qu'il en tiendrait tous les cœurs unis, pour n'en faire qu'un même avec lui ; qu'il en détournerait les traits de la divine justice, en les remettant en grâce, lorsqu'ils en seraient déchus.

O mon cher Frère dans ce divin Cœur, s'il m'était permis de manifester les richesses infinies qui sont cachées dans ce précieux trésor, et desquelles il enrichit et met en jouissance ses fidèles amis ! Si nous les pouvions comprendre, nous ne nous épargnerions en rien pour lui procurer le plaisir qu'il désire avec tant d'ardeur ! Pour moi, je voudrais avoir des millions de vies, pour les sacrifier par tous les tourments les plus effroyables qui se peuvent imaginer, même par tous ceux de l'enfer, sinon de haïr ce tout aimant et tout aimable Cœur : tous les autres supplices me seraient un plaisir pour le faire régner. Il n'y a point de réserve, ce me semble, que cette privation de son amour, qui est un mal auquel je ne me peux rendre, ayant de l'horreur seulement de l'entendre.

Enfin, à l'accomplissement de ses desseins je sacrifierais tout sans réserve, mon cœur ne se sentant plus susceptible, ce me semble, que des intérêts de ce divin Cœur, en sorte que, depuis qu'il m'a fait la miséricorde de me consacrer lui-même à son amour et à sa gloire, je ne me soucie plus de quelle manière il me traite. Pourvu qu'il se contente, cela me suffit ; soit qu'il m'élève ou qu'il m'abaisse, qu'il me console ou qu'il m'afflige, tout cela me rend également contente dans son contentement, hors duquel je ne puis rien trouver dans la vie qui puisse contenter mon cœur, lequel après s'être entièrement abandonné à celui de mon souverain Maître, lui laisse encore le soin de le perfectionner à sa mode, n'en désirant pas plus qu'il ne m'en veut donner. Pourvu qu'enfin je le puisse aimer, cela seul me suffit.

Mais si vous saviez *combien* je crains que cette insensibilité, dont je vous viens de dire un mot en passant, ne soit cet état déplorable d'endurcissement dont parle l'Apôtre, vous avouant de bonne foi qu'au reste je ne vois rien en moi ni en mes actions qui ne soit digne d'un châtiment; et, à vous parler franchement, comme vous me témoignez le désirer, je me sens, parmi tout ce que je vous viens de dire, une continuelle haine *contre moi-même* d'avoir trompé les créatures, qui me croient meilleure que je ne suis. En vérité, si l'on me connaissait, non seulement telle que je suis, *car* on ne me pourrait souffrir, mais seulement telle que je me connais et que je me vois continuellement, on aurait autant d'horreur pour moi que je m'en sens moi-même ; laquelle est si grande, que j'ai peine à me supporter.

C'est ce qui me rend si confuse, lorsque ce divin Cœur permet que l'on donne quelque créance aux paroles d'une si méchante créature. Cet adorable Cœur *me* tient toujours comme toute noyée dans une mer d'amertume et un abîme d'humiliation et de confusion, pour rendre hommage, par conformité, à celle où la divine justice l'a toujours tenu pour les intérêts de son divin Père. Les mouvements de joie que l'établissement du règne de ce sacré Cœur donne quelquefois au mien passent comme un éclair, retombant d'abord dans ces amères amertumes où je trouve une paix inaltérable, laquelle me rend indifférente au blâme ou à la louange des créatures, pensant que tout cela ne me peut rendre autre que ce qu'en effet je suis devant Dieu.

Je vous conjure, par tout l'amour que vous portez à son divin Cœur, de lui demander de vous faire connaître tout ce qu'il y a de mauvais dans cette disposition et ce qui lui déplaît en moi, et de me faire la miséricorde de me le dire sans façon, car je suis une pauvre aveugle en tout ce qui me regarde; et la crainte que j'ai d'être un obstacle aux desseins que ce sacré Cœur a de se faire connaître et aimer, me fait souvent souhaiter qu'il me retire de cette misérable vie. Je n'*y* trouve d'autre plaisir que celui de souffrir continuellement par conformité à ce Bien-Aimé de nos âmes; il en imprime en la mienne une si ardente faim, qu'un pauvre famélique ne pourrait recevoir la nourriture avec plus d'avidité que celle que mon cœur sent à se nourrir du pain délicieux des douleurs, mépris et humiliations, oubli des créatures et confusion ; *c'est* là l'eau salutaire à mon mal, et la seule capable de donner quelque rafraîchissement à l'ardente soif qui me consume.

Mais, hélas! je ne sais pourquoi mon Souverain permet que je vous aie dit tout cela, sinon afin que vous lui demandiez qu'il m'ensevelisse dans un éternel mépris et oubli des créatures, lesquelles je souhaite n'avoir plus de souvenir de cette chétive misérable, que pour la mépriser et faire souffrir, et afin que ce divin Cœur établisse son empire sur mon entière destruction et anéantissement. Je me ferai un doux plaisir de me voir abaissée et ruinée d'estime, à mesure qu'il est honoré et élevé dans l'esprit des créatures, desquelles je voudrais être inconnue à mesure qu'il en est reconnu, car lui seul mérite tout l'amour, l'honneur, la gloire et la louange dans le temps et l'éternité.

Et puisque vous voulez que je vous dise simplement mes *pensées,* faites-moi donc la grâce que le tout demeure dans le secret du sacré Cœur de Notre-Seigneur Jésus-Christ, lequel m'ôtant le moyen de réfléchir sur ce que je vous dis, je vous parle sans y penser, suivant les mouvements qu'il me donne. Mais faites-moi connaître tout ce qu'il y a de mal, vous assurant que je ne veux rien, en tout et partout, que l'accomplissement du bon plaisir divin, laissant à ce divin Cœur de vouloir et désirer en moi et pour moi selon qu'il lui

plaira. Je me contente de l'aimer seul, et puis il aimera pour moi tout ce qu'il veut que j'aime.

Mais quoique ce trésor d'amour soit un bien propre à tout le monde, et en qui chacun a droit, il a néanmoins toujours été caché jusqu'à présent, qu'il s'est particulièrement donné aux Religieuses de la Visitation, parce qu'elles sont destinées à honorer sa vie cachée, afin que, leur étant découvert, elles le manifestent et distribuent aux autres. Mais il est réservé aux Révérends Pères de la Compagnie de JÉSUS de faire connaître la valeur et l'utilité de ce précieux trésor, où plus l'on prend, plus il y a à prendre. Il ne tiendra donc qu'à eux de s'en enrichir avec abondance de toutes sortes de biens et de grâces ; car c'est par cet efficace moyen qu'il leur présente, qu'ils pourront s'acquitter parfaitement, selon son désir, du saint ministère de charité auquel ils sont destinés. Car ce divin Cœur répandra tellement la suave onction de sa charité sur leurs paroles, qu'elles pénètreront comme un glaive à deux tranchants les cœurs les plus endurcis, pour les rendre susceptibles à l'amour de ce divin Cœur, et les âmes les plus criminelles seront conduites par ce moyen à une salutaire pénitence [1].

[1] La Bienheureuse eut, à ce sujet, l'admirable vision, qu'elle raconte elle-même dans une de ses lettres à la Mère de Saumaise et dont nous avons célébré, le 2 juillet

Enfin, c'est par ce moyen qu'il veut répandre sur l'Ordre de la Visitation et sur celui de la Compagnie de Jésus l'abondance de ces divins trésors de grâce et de salut, pourvu qu'ils lui rendent ce qu'il en attend, qui est un hommage d'amour, d'honneur et de louange, et de travailler de tout leur pouvoir à l'établissement de son règne dans les cœurs. Il attend beaucoup de votre sainte Compagnie pour ce sujet; il y a de grands desseins. C'est pourquoi il s'est servi du bon P. de la Colombière pour donner commencement à la dévotion de cet adorable Cœur, comme j'espère que vous serez l'un de ceux dont il se servira pour l'introduire dans votre Ordre. Oh! quelle grâce pour vous, si cela est, et si vous secondez ses desseins! Mais le tout, doucement et suavement, suivant les moyens qu'il vous en fournira, en lui laissant le succès de tout, sans plus désirer ni vou-

de l'année 1888, l'anniversaire deux fois séculaire. (Voir *Vie et œuvres de la B. Marguerite-Marie,* t. II, p. 166.) Il est, du reste, bien évident que cette mission consolante, particulièrement confiée aux Pères de la Compagnie de Jésus, n'a point du tout un caractère exclusif. Et c'est une grande joie pour les frères du P. de la Colombière de voir leurs efforts partagés par des religieux de presque tous les Ordres, et par des prêtres séculiers de tout rang, et même par différentes Congrégations religieuses et Sociétés de fervents missionnaires qui ont pris le sacré Cœur de Jésus pour vocable et ont été approuvés, successivement, par le Saint-Siège.

loir faire que ce qu'il vous fera connaître, dans chaque occasion, qu'il veut que vous fassiez. Voilà le moyen, ce me semble, destiné à votre sanctification; car, à mesure que vous travaillerez, ce divin Cœur vous sanctifiera de sa sainteté même.

Ne nous étonnons pas des contradictions et oppositions que le démon suscitera, car j'espère que ce Souverain de nos âmes soutiendra lui-même son œuvre, et qu'il sera plus puissant pour la défendre que les hommes pour l'attaquer. Enfin, je crois qu'il vérifiera cette parole qu'il faisait continuellement entendre à l'oreille du cœur de son indigne esclave, parmi les difficultés et oppositions, qui ont été grandes dans les commencements de cette dévotion : « Je régnerai malgré mes ennemis et tous ceux qui s'y opposeront, » parole qui m'imprimait tant de consolation et d'espérance que la chose serait, que plus on m'ôtait les moyens sur lesquels je m'appuyais, en me défendant d'en plus parler, plus je me confiais et espérais que, Dieu étant fidèle dans ses promesses, il accomplirait la chose par lui-même, plutôt que de laisser *son œuvre* imparfaite; car il a toujours promis à son indigne esclave qu'il aurait soin de lui fournir tous les moyens nécessaires pour l'accomplissement de ses desseins, et qu'il n'y laisserait manquer de rien; *ce* qu'il a toujours accompli, même au delà de ses promesses.

Vous voyez que mon Souverain veut que je vous parle simplement sur toutes ces choses, qui sont comme un abîme pour moi, d'où je ne puis sortir. Lorsqu'il me donne la liberté d'en parler, ce qui n'est pas toujours, mais rarement, *je le fais* comme il lui plaît ; car, hors de là, je puis vous assurer que je suis si impuissante d'en parler ou écrire, qu'il me semble m'être impossible de le faire.

Mais, encore une fois, que tout ceci demeure dans le secret de ce divin Cœur, c'est-à-dire que vous ayez la bonté de ne pas me nommer, ni faire connaître à personne : car il faut vous avouer la faute que le désir d'être inconnue m'a fait faire sur ce sujet ; c'est que le Révérend Père auquel vous aviez adressé la précédente à la dernière de vos lettres, m'ayant fait l'honneur de m'écrire, je ne lui fis point de réponse, pour le seul motif que je viens de vous dire. Mais que je vous serais obligée, si vous aviez la bonté de brûler cette lettre ! Il faut que je vous dise encore que, me sentant un grand désir de reconnaissance des livres que vous avez eu la bonté de nous envoyer, et me trouvant sans moyen d'aucun retour (car je suis entièrement pauvre, Dieu merci !), mon souverain Maître me donna à entendre qu'il lui fallait laisser le soin de cette reconnaissance, laquelle il ferait par des biens infinis. Ainsi, j'espère que vous ne perdrez rien, et qu'il sera lui-même votre récompense. J'avais grand désir d'en garder un, mais sa bonté ne l'a pas voulu permettre, me faisant voir que sa gloire demandait que je le donnasse à ceux à qui il me ferait connaître le désirer. L'un a été à notre très chère Mère Supérieure, l'autre à une personne qui n'épargne ni bien ni peine pour l'établissement de son règne; et le troisième à une autre qui lui a fait édifier une chapelle, comme nous l'avons fait céans, avec un fort beau et grand tableau. Mais cette personne séculière lui a, de plus que nous, fondé à perpétuité dans cette chapelle une messe tous les premiers vendredis de chaque mois, ce qui nous doit être d'une grande consolation.

Mgr de Langres a permis, dans tout son diocèse, de célébrer la fête de ce divin Cœur et de dire la messe, et les Messieurs de la Sainte-Chapelle la vinrent chanter en musique dans l'église de nos Sœurs de Dijon. Je vous dis cela pour vous faire voir les heureux progrès que sa bonté infinie donne à cette dévotion, afin que vous lui en rendiez grâce. Vous ne serez peut-être pas fâché que je vous envoie un des premiers livres qui ont été imprimés en l'honneur de ce divin Cœur, afin que, si vous le jugez à propos, vous y preniez les litanies du Sacré-Cœur de la très sainte Vierge pour les ajouter au vôtre. Et comme je remarque

que ces dévotions courtes et enflammées donnent plus de goût et ont plus d'effet que les autres, c'est de cette manière que je souhaiterais tout le projet de ce livre que vous voulez faire réimprimer, mais surtout les méditations, oraisons et pratiques, afin que le pauvre esprit humain y puisse plus trouver de goût et de plaisir que d'ennui ; c'est-à-dire qu'il faut continuer comme vous avez commencé, car on agrée et goûte fort ceux que vous nous avez envoyés.

Pour le secret, vous ne devez pas craindre que, de ma part, j'y manque. Mais, hélas ! que j'appréhende qu'il n'en soit pas ainsi de tout le reste ; ce qui m'affligerait sensiblement.

Si l'on pouvait faire UNE ASSOCIATION DE CETTE DÉVOTION, CES ASSOCIÉS PARTICIPERAIENT AU BIEN SPIRITUEL LES UNS DES AUTRES, *et* je pense que cela FERAIT UN GRAND PLAISIR A CE DIVIN CŒUR [1], lequel il me semble désirer encore que l'on eût une particulière UNION ET DÉVOTION AUX SAINTS ANGES, qui sont particulièrement destinés à l'aimer, honorer et louer dans le divin Sacrement d'amour ; afin

[1] Nous n'oserions affirmer qu'il n'y ait pas plusieurs Associations qui réalisent en quelque manière cette pensée de la B. Marguerite-Marie ; mais il est certain que l'Apostolat de la Prière, par son but même et par toute son organisation, semble avoir suivi, plus qu'aucune autre Œuvre, le programme vraiment plein d'amour qui nous est révélé par ce beau passage. Tous les membres de no-

LE SACRÉ CŒUR ADORÉ PAR LES ANGES

(Tableau exécuté du vivant de la Bienheureuse.)

que, étant unis et associés avec eux, ils suppléent pour nous en sa divine présence, tant pour lui rendre nos hommages, que pour l'aimer pour nous et pour tous ceux qui ne l'aiment pas, et pour réparer les irrévérences que nous commettons à sa sainte présence.

Je vous dis bien des choses, tant parce que vous m'en avez donné la confiance, que parce que, plutôt, je ne peux faire autrement, me sentant pressée de le faire par ce Souverain de mon âme, qui en veut peut-être être glorifié. Mais comme je n'ai pas l'intelligence de me savoir exprimer, je ne sais si vous pourrez comprendre ce que je vous dis, ni même lire cette lettre : *elle* n'est qu'un vrai brouillon pour sa trop grande longueur, qui, comme je le pense, vous ôtera le courage d'en demander de longues. Mais pardonnez à l'abondance de cette source intarissable, qui prend plaisir de s'écouler avec affluence en faveur de ses amis ; ce que j'entends de ce divin Cœur à votre égard, car il attend

tre sainte Ligue, mais spécialement tous les Ordres religieux et toutes les Congrégations religieuses qui, avec une si touchante prodigalité, accordent aux Associés de l'Apostolat la précieuse faveur de *participer à leur bien spirituel,* trouveront dans cette affirmation de l'interprète autorisée des sentiments du Cœur de Jésus, une nouvelle assurance qu'ils *font un grand plaisir à ce divin Cœur.*

beaucoup de vous..............................
....[1]
aurez obtenu l'amour et l'humilité. Pour le premier, je ne suis pas en peine; il suffit qu'il connaisse ce que *vous faites* sur ce sujet. Et pour le second, je crois, selon qu'il me le fait connaître, qu'il ne veut pas vous ôter les mouvements contraires à cette vertu d'humilité pour vous laisser en cela une matière de combattre, afin d'avoir lieu de récompenser vos victoires, et, de plus, afin que vous soyez continuellement sur vos gardes, avec une grande défiance de vous-même [2].

Ne doutez donc plus que je *ne* prie pour vous, puisque vous savez que vous avez part, dans l'adorable Cœur de notre Souverain, en tout ce que je peux faire de bien et souffrir avec sa grâce, puisqu'il nous a unis par égalité de biens spirituels comme frère et sœur, suppléant de sa part ce qui manque de la mienne. C'est ce qui me fait vous nommer mon frère dans ce sacré Cœur; et, de

[1] Ici l'autographe a rendues deux lignes incompréhensibles par suite de quelque omission.

[2] « Demandez-lui (à Notre-Seigneur) bien instamment pour moi, que, puisqu'il me donne un si ardent désir de l'aimer, il me donne son amour... Le désir de l'aimer me brûle, mais je ne puis pas dire que je l'aime encore, en voyant mes imperfections. Je n'ai point d'humilité, et c'est la vertu qui m'est la plus nécessaire pour ce divin amour. » (*Lettre du P. Croiset à la B. Marguerite-Marie*).

plus, je fais une communion tous les mois selon votre intention, avec tout ce que je vous ai déjà dit que je fais pour vous.

Mais, hélas! qu'est-ce que tout cela, vu le sujet qui le pratique, à l'égard de tout ce que vous faites pour moi et dont je me sens impuissante à vous témoigner les sentiments de reconnaissance que ce Souverain en fait sentir à mon chétif cœur, lequel se sent continuellement pressé de faire connaître et aimer celui de notre divin Maître, ce qui me fait souffrir un martyre continuel.

Nous avons accru nos biens spirituels, car ce saint ecclésiastique s'est encore offert de lui-même à nous dire une messe tous les premiers vendredis du mois, et je lui ferai une communion. Et vous ne le savez peut-être pas : ce qui me donne tant de consolation dans l'union de prières des saintes âmes (outre que j'y fais un grand fonds pour obtenir par ce moyen ma sanctification et mon salut éternel), c'est que, de plus, mon Souverain s'est consacré lui-même tout l'être de sa chétive esclave et tout ce qui en dépend, avec tout le bien qu'on lui fera. C'est pourquoi il lui a promis, si je ne me trompe, de récompenser avec les trésors de son divin Cœur tout le bien *qu'on me* fera. De cette manière, je crois qu'il n'y a rien à perdre pour ceux qui me feront ou procureront quelque bien spirituel, puisque ce n'est plus à moi, mais à cet aimable Cœur qui s'est tout attribué.

J'ai pensé succomber à la tentation que j'ai eue de vous envoyer un petit manuscrit d'une version de l'office du Sacré-Cœur en vers, mais j'ai vu que cela vous coûterait peut-être trop de port, pour vous être une chose inutile. Je me réjouis bien de voir l'image de ce saint Cœur dans les autres livres que vous nous faites espérer *qu'ils* s'imprimeront. Vous ne devez pas douter que je ne fasse tout mon possible pour les faire connaître. Je vous envoie un des petits livrets que l'on fit imprimer dans le commencement de cette dévotion; et, comme vous marquez qu'il faut prier le B. Louis de Gonzague pour l'obtenir [1], je voudrais bien que vous eussiez la bonté de nous en envoyer une image en taille douce, qui fût de la même grandeur que celle du R. P. de la Colombière. C'est pour notre chapelle du Sacré-Cœur.

Vous voyez comme je me rends importune! Votre lettre m'a été d'une grande consolation, mais je vous avoue que je me sens une extrême

[1] C'est dans la réimpression du *livre de Dijon* que le R. P. Croiset dut insinuer que l'intercession de saint Louis de Gonzague était un moyen d'avancer dans la dévotion au sacré Cœur. Il revient sur ce sujet dans le grand ouvrage qu'il fit paraître après la mort de Marguerite-Marie.

peine à vous en envoyer, pour la raison que, ne m'étant pas permis de lire mes lettres, je demeure dans l'ignorance de ce que j'y mets, car je l'oublie à mesure que je l'écris; et ne sachant pas si je redis toujours la même chose, cela me fait sentir de grandes confusions et de grands désirs de ne jamais écrire. Mais j'espère que votre bonté excusera tout pour *l'amour* du sacré Cœur, lequel je supplie de vouloir conduire celle-ci entre *vos mains*, car je ne sais pas mettre l'adresse. Dieu soit béni éternellement!

Image du sacré Cœur propagée par la Bienheureuse.

TROISIÈME LETTRE

Vive ✝ JÉSUS !

Ce 15 septembre.

Mon Révérend Père [1],

. . . .

. . . . Car si vous saviez l'impuissance où il me met de dire plus qu'il ne veut, vous me conseilleriez de garder le silence plutôt que de lui faire la moindre résistance. Mais, à vous parler franchement, je crains beaucoup, parmi toutes les grâces que je reçois de sa miséricorde, de me tromper et de tromper ceux à qui la charité aurait fait prendre des pensées avantageuses et bien éloignées de ce que je suis en effet. Ne soyez pas de ce nombre et ne vous arrêtez pas à ce que vous m'obligez de

[1] Ici quelques lignes supprimées que l'on peut rétablir ainsi, d'après l'abrégé du P. Croiset, p. 63 :

« Vous me demandez que je vous parle confidemment : hélas ! il n'est pas en mon pouvoir de faire comme vous voudriez, mais selon qu'il plaira à mon Souverain, car si, etc. (Abrégé, p. 63-67. — *Vie et œuvres de la B. Marguerite-Marie,* p. 268, t. II de la première édition.

vous dire, car je pense que ce divin Cœur vous communiquera plus facilement ses secrets et sa sainte volonté, qu'à une pauvre, chétive et indigne pécheresse comme moi, qui voudrais toujours n'avoir d'autre occupation que d'aimer, agir, pâtir et me taire.

Pour vous faire mieux comprendre qu'il ne faut pas faire fond sur ce que je dis, comme j'ai sujet de le craindre, il faut vous avouer que je n'ai jamais eu de direction que du Souverain de mon âme; dès lors que je commençai à me connaître, il prit un empire si absolu sur ma volonté, qu'il me faisait lui obéir en tout, sans que je me pusse défendre. Il me reprenait et corrigeait de mes fautes avec beaucoup de sévérité pour peu qu'il y eût de volontaire. Il me donnait une si grande horreur du péché, parce qu'il me faisait voir combien il lui déplaisait, que je me cachais pour pleurer, lorsque je m'étais laissée aller à mes vanités. Je n'aspirais que de pouvoir trouver un lieu où je pusse vivre pauvre, inconnue et méprisée, afin de mieux converser avec mon souverain Maître pour apprendre à l'aimer et le connaître; car j'étais dans un village sans instruction pour les choses spirituelles. Je ne *savais* pas même ce que c'était de faire oraison, outre ce qu'il m'enseignait. Il me façonnait à *sa* mode et me continuait ainsi sa conduite, jusqu'à ce qu'il m'eût mis dans la sainte religion, que je pensais être ce lieu caché où j'aspirais ardemment pour faire pénitence.

Cependant quoiqu'il changeât de conduite à mon égard, il ne me quitta pas pour cela, me faisant voir qu'il ajusterait tellement les grâces continuelles, qu'il me faisait, à l'esprit de ma règle et à l'obéissance due à ma Supérieure, que l'un ne serait point contraire à l'autre. Je ne laissais, nonobstant cela, de faire tout mon possible pour m'éloigner de cet esprit, et pour me retirer de sa conduite, ainsi qu'on me l'ordonnait, et j'eus beaucoup à souffrir là-dessus ; mais ce souverain de mon âme, qui agissait en moi indépendamment de moi-même, rendait tous mes efforts inutiles, sans que jamais pourtant il m'empêchât d'obéir.

Mais plus je lui faisais de résistance pour l'éloigner de moi, plus il m'était présent, et l'on me jeta dans de grandes craintes qui me firent souhaiter et lui demander de m'en retirer : ce qu'il me promit. *Il me promit encore* qu'il m'enverrait son fidèle serviteur et parfait ami qui m'apprendrait à le connaître et à m'abandonner à lui sans plus de résistance. Et, en effet, il m'envoya le Rév. P. de la Colombière, lequel me fit bien comprendre d'abord qu'il m'était envoyé de la part de Dieu, afin que je lui découvrisse tout le fond de mon âme.

Je lui *ouvris* mon cœur avec tant de facilité que sans nulle préméditation je lui dis tout ce qui s'était passé en moi et toutes les grâces que j'avais reçues de mon Souverain, en la manière simple qu'il m'avait apprise, sans prendre garde que je parlais de moi ; de quoi j'avais tant d'horreur que si je m'en fusse aperçu, je ne l'aurais pu faire. Et ce qui me manifeste la volonté de Dieu en cette rencontre, c'est que ce bon Père me demanda, de lui-même, sans nulle connaissance l'un de l'autre, et en même temps ces paroles me furent dites distinctement :

« Voilà celui que je t'envoie. »

Et après plusieurs entretiens, ne se rebutant point de la manière rustique, dont j'usais à son égard, il m'assura dans la voie difficile où j'étais, *voie* toute parsemée de croix et d'épines, parmi lesquelles j'ai toujours marché, nonobstant les grâces continuelles et inexplicables que j'ai toujours reçues de ce souverain de mon âme.

Et après que ce bon Père eut pris connaissance de toute ma conduite, il me défendit de jamais faire de résistance à cet esprit, et il me dit de m'abandonner absolument à son bon plaisir pour le laisser agir selon toute l'étendue de son pouvoir, ce qui donna une paix inaltérable à mon âme. Je vous dis tout ceci assez inutilement, et je ne sais pourquoi je vous le dis, sinon afin que vous bénissiez le Seigneur, et le remerciez pour moi de ce qu'il ne m'a pas encore abîmée dans l'enfer, *à cause* des grandes résistances que je lui ai faites et pour l'abus que j'ai fait de ses grâces, ce qui me cause tant de douleur que j'en voudrais faire une continuelle pénitence. Et cependant, je ne fais que l'offenser; *aussi* je vous conjure, par la sainte charité qui nous unit dans ce Cœur adorable, de lui demander pardon pour moi et de vous intéresser à mon salut, car il me semble qu'il le veut.

Mais pour en revenir à la dévotion du sacré Cœur, il est vrai, je vous l'avoue, que c'est ce bon Père à qui j'en fis la première ouverture, ainsi qu'il m'avait été ordonné de la part de mon Souverain, lequel lui départit plus de grâces dans ce temps qu'il n'avait encore fait [1]. Mais vous dire comment il départit la première grâce de cette dévotion à son indigne esclave, ô mon Dieu! c'est *ce dont* il ne m'a pas été permis de m'expliquer

[1] Une fois qu'il (le P. de la Colombière) vint dire la sainte Messe à notre église, Notre-Seigneur lui fit de très grandes grâces, et à moi aussi. Car lorsque je m'approchai pour le recevoir par la sainte communion, il me montra son sacré Cœur comme une ardente fournaise, et deux autres (cœurs) qui s'y allaient unir et abîmer, me disant: « C'est ainsi que mon pur amour unit ces trois cœurs pour toujours. » Et après, il me fit entendre que cette union était toute pour la gloire de son sacré Cœur, dont il voulait que je *lui* découvrisse les trésors, afin qu'il en fît connaître et en publiât le prix et l'utilité; et que pour cela il voulait que nous fussions comme frère et sœur, également partagés de biens spirituels. (*Vie de la Bienheureuse,* écrite par elle-même.)

depuis cette première fois, non plus que de la manière que cela se fit. Le seul souvenir de ce bienfait produit toujours de nouveaux effets de grâce dans mon âme, qui, de l'abîme de son néant, se perd et s'abîme dans celui des miséricordes de son Sauveur et me fait dire avec sainte Thérèse : *Misericordias Domini*, etc.

Mais quoique le désir que le Cœur adorable de notre divin Maître avait d'être connu, aimé et honoré particulièrement, fût manifesté à ce bon Père, il n'a pas laissé de demeurer secret encore, plus de huit à neuf ans, et jusqu'à ce que son indigne esclave, à qui il avait découvert son désir, fut mise pour la direction de neuf ou dix jeunes novices[1]. *Ces novices* en ayant entendu parler, se portèrent avec tant d'ardeur à honorer ce divin Cœur, dont je leur donnai une image tracée avec une plume sur un petit morceau de papier, que cela leur fit faire beaucoup de progrès en leur perfection en

[1] Il ne fut pas donné, au vénérable P. de la Colombière, d'établir le *culte public* du sacré Cœur, dont parle ici la Bienheureuse. Atteint, bientôt, d'une maladie qui le réduisit à l'impuissance, il mourut de la mort des saints, à l'âge de quarante et un ans, le 15 février 1682, après quatre années de souffrances héroïquement supportées.

Néanmoins, il remplit sur la terre un apostolat obscur, sans doute, mais très efficace.

« Quoiqu'il soit peu resté dans notre ville, disent les contemporaines de la Bienheureuse, le P. de la Colombière ne laissa pas d'inspirer cette dévotion à toutes ses

peu de temps. Et quoique cela leur attirât bien des mortifications, elles ne se rebutèrent point, mais s'animèrent tant et plus à honorer ce sacré Cœur.

Lui ayant érigé un petit autel pour lui rendre leurs hommages, elles tâchaient de réparer, par leurs pénitences, les injures et outrages qu'il reçoit au très Saint-Sacrement. Et quelques-unes obtinrent de leurs parents de quoi en faire peindre une petite image, ce qu'on ne leur voulut permettre, crainte qu'elles n'introduisissent quelque nouveauté. On n'osait plus en parler qu'en secret, car cela étant passé au dehors, et quelque grand serviteur de Dieu s'opposant fortement à cette dévotion, tous me tombaient dessus. Je n'en étais pas fâchée, me réjouissant *de* ce qu'il m'honorait de sa croix par ces petites persécutions et contradictions, qui s'élevèrent d'abord et qui donnèrent à cette chétive pécheresse la consolation de souffrir sans appui ni consolation que de ce divin Cœur. *Lui* me fortifiait par ces paroles, que

filles spirituelles, les faisant communier le vendredi après l'octave du Saint-Sacrement, à l'honneur du sacré Cœur de Jésus. »

Il s'efforça aussi, dans ses entretiens spirituels, d'établir cette dévotion parmi les religieux de la Compagnie de Jésus, qui la portèrent jusqu'aux extrémités du monde. Le P. Joseph de Galliffet, un des plus ardents apôtres de la dévotion au sacré Cœur, nous assure qu'il apprit du vénérable P. de la Colombière à connaître et à aimer ce Cœur adorable.

j'entendais dans le plus intime de mon cœur avec une consolation inconcevable :

« — Je régnerai malgré mes ennemis et tous ceux qui s'y voudront opposer. »

Mais comme la croix est un trésor précieux qui ne peut être conservé que lorsqu'il est enseveli dans un humble silence, il m'est bon de me taire sur ce sujet. Je dirai seulement qu'après deux ou trois ans que cela dura, il changea tellement les cœurs opposés, que l'on fit ériger une fort belle chapelle dans notre enclos à son honneur, avec un fort beau et grand tableau de ce sacré Cœur. Chacune de nos sœurs se porta à contribuer à cette œuvre avec tant d'ardeur qu'elle fut bientôt achevée. Et c'est principalement à présent la dévotion de notre communauté. Il n'y a que moi qui sers d'obstacle à l'établissement de son règne dans les cœurs : c'est le sujet de ma plus grande douleur.

Voilà un petit mot sur ce que vous me demandez, ne m'étant pas permis de m'en expliquer plus en particulier. Il faut vous dire une chose, laquelle m'empêcherait de plus écrire, si l'obéissance n'en ordonnait autrement : c'est que lorsque j'écris, après m'être mise à genoux pour le faire, comme une disciple devant son maître, j'écris suivant qu'Il me dicte, sans prendre garde ni penser à ce que j'écris. *Cela* me fait sentir de grandes humiliations, tant pour la crainte que j'ai de dire ce que je voudrais taire et tenir caché, que pour la créance où je me trouve de redire toujours la même chose.

LA PREMIÈRE CHAPELLE DU SACRÉ CŒUR A PARAY

L'on m'a défendu de relire les lettres que j'écris, parce que, lorsque je le faisais, je ne me pouvais empêcher de les rompre ou brûler. Et j'ai été surprise lorsque, lisant votre lettre, j'ai vu ce que je croyais vous avoir dit sur cet état d'indifférence, d'insensibilité, de réprobation et de condamnation où je croyais être ; tout cela s'est trouvé dit d'une manière qui vous l'a fait expliquer si avantageusement, que je ne vois rien en moi de tous les actes et dispositions dont vous me parlez : cette indifférence n'est en moi qu'une insensibilité à la grâce.

Ce que vous me dites de l'amour de mon Seigneur Jésus-Christ m'aurait fait mourir de douleur, si je l'avais compris dans ce sens : *c'est* dans celui que les peines de l'enfer me sembleraient douces pour faire régner cet aimable Cœur, mais toujours à la réserve de cette privation d'amour, à moins que je ne visse en cela le bon plaisir divin, ce qui ne peut être.

Vous me dites de prier pour vous. Je le fais plus que pour un autre; mais hélas! pouvez-vous sentir les effets des prières d'une si méchante créature, qui n'est propre qu'à attirer la colère de Dieu et arrêter le cours de ses miséricordes? J'offre pour vous et pour l'exécution de vos desseins à la gloire du sacré Cœur, les saints sacrifices de la Messe que de saints religieux et ecclésiastiques disent, selon mon intention, tous les vendredis, et de plus la sainte communion deux ou trois fois par mois, sans tout le reste.

Et puisque vous voulez que je vous dise ma

pensée sur les projets que vous faites pour honorer ce divin Cœur, je crois, si je ne me trompe, qu'il les a très agréables. J'espère que cette dévotion sera un des moyens dont il veut se servir pour retirer un grand nombre d'âmes de la perdition, ruinant en elles l'empire de Satan, pour les remettre par ses grâces sanctifiantes dans la voie du salut éternel, ainsi qu'il me semble l'avoir promis à son indigne esclave.

Il lui fit voir cette dévotion comme un des derniers efforts de son amour envers les hommes. En leur mettant en évidence, dans un tableau particulier, son divin Cœur percé d'amour pour leur salut, il veut mettre leur salut en assurance et ne laisser périr aucun de ceux qui lui seront consacrés : tant est grand le désir qu'il a d'être connu, aimé et honoré de ses créatures !

Afin de pouvoir en quelque façon contenter l'ardent désir que son amour a de se répandre, il leur départira avec abondance les grâces sanctifiantes et salutaires. Il leur sera un asile assuré à l'heure de la mort, pour les recevoir et les défendre de leurs ennemis. Mais pour cela, il faut vivre conformément à ses saintes maximes.

Pour ceux qui s'emploient à le faire connaître et aimer, oh ! s'il m'était permis de m'exprimer et de faire connaître les récompenses qu'ils recevront de cet adorable Cœur, vous diriez comme moi :

heureux sont ceux qu'il emploiera à l'exécution de ses desseins !

Et je vous dis que vous êtes heureux d'être du nombre ; comme je ne puis douter qu'il ne vous ait tout destiné à cela, suivez sans crainte les lumières qu'il vous donnera pour cet effet, et ne renvoyez point ce bien à un autre. Vous l'avez reçu par le refus d'un autre, qui a voulu préférer l'élection qu'il avait faite de son emploi pour glorifier Dieu, au choix que ce même Dieu avait fait de lui pour faire connaître, aimer et honorer son sacré Cœur. Par ce moyen, il s'est privé d'un nombre infini de grâces, qu'il ne tiendra qu'à vous de recevoir, si vous voulez correspondre aux saints mouvements et aux lumières qu'il vous donne pour cet effet. Et la raison pour laquelle il ne m'est pas permis de parler des récompenses qu'il promet à ceux qu'il emploiera à cette sainte œuvre, c'est afin qu'on travaille sans autre intérêt que celui de sa gloire, dans la vue de son pur amour.

Vous voyez combien librement je vous dis ma pensée, selon qu'il m'est permis ; car lorsque mon souverain Maître ne l'agrée pas, il m'ôte toute mémoire et toute intelligence sur ce que je voudrais dire, de sorte qu'il m'est impossible de le faire. Et de même, il me rend tellement impuissante à lui présenter certaine intention ou personne qu'il n'agrée pas, soit à cause qu'elle raisonne ses volontés, ou autrement, qu'il me fait souffrir un tourment inexplicable dans ces sortes d'occasions.

Je ne me rebute point, encore qu'il rejette mes requêtes ; mais, combattant pour ainsi dire avec lui, quelquefois je réponds pour ces personnes, et je m'engage souvent à une longue et pénible suite de souffrances. Ces souffrances font mon exercice continuel, depuis qu'il m'a destinée, si je ne me trompe, pour être la victime de son divin Cœur et son hostie d'immolation, sacrifiée à son bon plaisir et immolée à tous ses désirs, pour me consumer continuellement, sur cet autel sacré, par les ardeurs du pur amour souffrant.

Je ne peux vivre un moment sans souffrir, et c'est mon plus doux aliment et mon mets le plus délicieux que la croix, composée de toute sorte de douleurs, peines, humiliations, pauvreté, mépris et contradictions, sans autre appui ni consolation que l'amour et la privation. Oh ! quel bonheur de pouvoir participer ici-bas aux angoisses, amertumes et dérélictions du sacré Cœur de Notre-Seigneur Jésus-Christ ! Mais je m'aperçois que je satisfais trop le mien en parlant de la croix, laquelle est comme un parfum précieux : elle perd la bonne odeur devant Dieu, lorsqu'elle est éventée par le trop grand parler. C'est donc mon partage de toujours souffrir en silence.

Mais pour répondre à ce que vous me demandez, de vous dire les grâces que j'ai reçues de ce Cœur adorable, moi son indigne esclave, je ne le peux pas. Il m'oblige et me contraint souvent, pour ainsi dire, de les découvrir aux personnes pour lesquelles il les a destinées. Puis, il les ôte de ma mémoire, pour me laisser occupée de lui seul, qui vaut dix millions de fois mieux que tous ses dons, lesquels ne peuvent être considérés que pour l'amour de lui. Il me semble vous pouvoir pourtant dire que, s'il m'était loisible de vous raconter les grâces et les miséricordes de ce tout aimant et aimable Cœur, il me faudrait un livre une fois plus gros que le vôtre : voyez si je ne mérite pas mille fois l'enfer, par mes continuelles infidélités et ingratitudes! Il m'a été donné à connaître, si je ne me trompe pas, que ces grâces ne me seraient données qu'en faveur d'autres personnes, pour la gloire du sacré Cœur, et qu'ainsi je ne me devais rien approprier ni attribuer. Il ne me demeure que la vue de mon néant criminel, que je vois continuellement comme dans un tableau; ce Souverain de mon âme le tient devant mes yeux, où il me fait voir à moi-même comme un composé de toute sorte de misères, lequel il veut changer en un composé de ses infinies miséricordes.

Et si vous saviez quel tourment mon âme souffre, de se voir si impure devant la sainteté d'un

Dieu qui ne peut souffrir la moindre tache dans une âme qui converse avec lui ! Cette sainteté est comme un feu dévorant, qui pénètre et consume jusqu'à la moëlle des os. Elle exterminerait mille fois les pécheurs, si cette amoureuse miséricorde ne se mettait entre deux ; car elle est inexorable. Il me semble qu'il n'y a point de supplice qui ne paraisse plus doux que celui qu'elle fait souffrir, lorsqu'elle veut purifier une âme, pour se communiquer à elle. Je vous avoue que les grâces qu'il me fait sont toujours précédées et suivies de ces sortes de tourments, ou d'un purgatoire d'humiliation ; et, si je ne me sentais soutenue et fortifiée par Celui-là même qui m'afflige, il me serait impossible de soutenir ce tourment.

Mais, mon Dieu, à quoi bon vous entretenir de ces sortes de discours, si inutiles à notre sujet ? Je pense que sa bonté le permet, afin que vous puissiez connaître de quel esprit vient ce que je vous dis et par lequel je suis conduite, *et cela* pour vous détromper et pour m'aider moi-même à me tirer de cette voie, si elle est trompeuse. Je prierai Notre-Seigneur de vous en donner la lumière, afin que vous me mandiez ce que vous en croyez, et sur tout ce que je vous dis ici dans le secret du sacré Cœur de Notre-Seigneur. Pour son amour, je vous demande cette grâce : brûlez cette lettre, après l'avoir vue pour m'en dire votre pensée, et qu'elle ne soit vue que de vous, puisque, sans suite ni raison, j'y ai mis ce que je pense. Je ne sais pas même si vous la pourrez lire, ni comprendre ce que je vous dis, car je ne me sais pas exprimer. Mais, au nom de Dieu, ne me faites point connaître; car être connue m'est un martyre plus rude que je ne vous le puis exprimer.

Pour tout ce que vous me proposez dans votre lettre, tant *au sujet* des méditations que des indulgences, il me semble voir, clairement *et* à n'en pouvoir douter, que c'est lui (le sacré Cœur) qui vous l'a inspiré de cette manière. Il me fait connaître *que cette manière* lui est si agréable, que nul autre que lui-même n'aurait pu en dresser *une* si à son gré, et je crois qu'il en sera beaucoup glorifié. J'en ressens par avance une grande consolation et m'en réjouis fort. Mais en demandant les indulgences, n'y aurait-il point moyen de faire approuver la messe en l'honneur de ce divin Cœur par le Saint-Siège apostolique? C'est encore un grand point que celui-là, et, quoique je l'espère, je ne sais pas de qui il veut se servir pour cela, car déjà plusieurs n'en ont pu venir à bout.

Il y a une autre chose dont je me sens fort pressée *de vous parler*, par le grand désir qu'il me fait connaître en avoir. Il veut que cette dévotion coure dans le palais des rois et des princes de la terre, afin qu'il y recoive autant de plaisir, *étant* aimé et honoré des grands, qu'ont été grandes les amertumes et angoisses qu'il y a ressenties, lorsqu'en sa passion il y a été tant méprisé, outragé et humilié. Il me semble, je vous l'avoue, que cette dévotion servirait d'une grande protection à la personne de notre roi. Elle pourrait bien donner d'heureux succès à ses armes et lui procurer de grandes victoires. Mais ce n'est pas à moi à dire cela ; il faut laisser agir la puissance de cet adorable Cœur, duquel vous avez la bonté de me présenter encore des livres. Il est vrai que vous ne me sauriez faire un plus grand plaisir ; mais je suis extrêmement confuse de votre libéralité envers une personne que lui-même a tellement dépouillée de tout, qu'il ne lui a rien laissé que lui-même.

C'est pourquoi, il ne faut pas que ceux *auxquels* il inspire de me faire ces sortes de charité, en attendent d'autre récompense que celle qu'il leur fera lui-même pour moi, qui pense avoir reçu cette assurance : il me semble qu'il prendra soin de reconnaître et de récompenser tous les biens qui seront faits à sa chétive esclave. je le prierai de tout mon cœur de le faire à votre égard. Si cela ne vous désagréait pas, *je vous prierais* de faire mettre en votre autre livre les litanies du Cœur de la très Sainte-Vierge.

APPARITION DU 2 JUILLET 1688

L'Apostolat du Sacré-Cœur est spécialement confié par Notre-Dame à la Visitation et à la Compagnie de Jésus.

Il faut vous dire encore qu'une religieuse de la Visitation, décédée depuis environ quarante ans en odeur de sainteté, avait eu révélation que la dévotion au sacré Cœur de Notre-Seigneur Jésus-Christ prendrait son commencement dans l'Ordre de la Visitation. Et moi je pense, si cela est, que c'est par le moyen de notre saint Fondateur, le grand saint François de Sales, lequel avait destiné ses filles à rendre un continuel hommage à ce divin Cœur, en conformant toute leur vie suivant ses saintes maximes. S'il est vrai que cette dévotion tant aimable a pris sa naissance dans la Visitation, moi je ne puis m'empêcher de croire qu'elle fera son progrès par le moyen des Rév. Pères Jésuites. Et je crois que c'est pour cela qu'il avait choisi le bienheureux ami de son Cœur (le Vén. P. de la Colombière), pour l'accomplissement de ce grand dessein qui, comme je l'espère, sera très glorieux à Dieu, à cause de l'ardent désir qu'il a de communiquer, par ce moyen, son amour et ses grâces.

Oh ! si nous pouvions comprendre les grands avantages, les grâces et les bénédictions que cela procurera à ces deux Congrégations ! Avec combien d'ardeur y travaillerions-nous, si nous connaissions bien les fruits de ce trésor ! Mais il faut s'adresser à son fidèle ami, le bon Père de la Colombière, auquel il a donné un grand pouvoir et remis, pour ainsi dire, ce qui concerne cette dévotion. Je vous avoue confidemment que j'en reçois de grands secours, m'étant même plus favorable que lorsqu'il était ici-bas en terre ; car, si je ne me trompe, cette dévotion du sacré Cœur l'a rendu bien puissant dans le ciel, et l'a plus élevé en gloire que tout ce qu'il avait pu faire au reste pendant tout le cours de sa vie [1].

J'espère qu'il en sera ainsi de vous, si vous voulez correspondre et suivre les saints mouvements de la grâce. N'oubliez pas de me marquer le jour où vous aurez le bonheur d'offrir ce grand sacrifice d'amour [2], car j'y ai une grande espérance, suivant la promesse que vous m'avez faite. Peut-être vous en repentez-vous déjà, à cause de mon indignité et pauvreté spirituelle ; mais j'espère que le sacré Cœur suppléera à tout. Si vous redoublez vos prières pour lui demander qu'il me convertisse

[1] La Bienheureuse parle souvent, dans ces lettres, de l'apostolat mystérieux que le Vén. P. de la Colombière remplit dans le ciel : tantôt elle le voit intercédant pour la France et recevant du Cœur de Jésus la consolante promesse qu'il « s'y rendra une source abondante et inépuisable de miséricorde et de grâce ; » tantôt obtenant, par ses intercessions, « tout ce qui se fait ici-bas en terre pour la gloire de ce divin Cœur » ; tantôt enfin, assez puissant pour avoir obtenu à la Compagnie de Jésus tout entière l'héritage de son ineffable apostolat. Elle célébrait tous les ans sa fête le 15 février, jour de la sainte mort de ce « bienheureux ami du Cœur de Jésus. »

[2] La première messe du P. Croiset.

toute à son pur amour, il m'accordera cette grâce dans ma retraite, où j'entrerai dans trois semaines.

C'est bien dans ce temps que j'aurai un particulier besoin de votre secours près de mon Souverain, lequel, il me semble, m'a tellement faite et destinée pour son Cœur tout aimable, que lui seul fait toute ma joie, ma consolation, mon trésor et ma félicité : hors de lui, tout le reste ne m'est rien. Et il me semble qu'il n'y a rien que je ne voulusse faire et souffrir, pour lui donner le plaisir qu'il désire avec tant d'ardeur.

Pour rallumer la charité, si refroidie et presque éteinte dans les cœurs de la plupart des chrétiens, il veut leur donner un nouveau moyen, par cette dévotion, d'aimer DIEU par ce sacré Cœur, autant qu'il le désire et qu'il le mérite, et de réparer par là leurs ingratitudes. Ce Cœur divin est le trésor du ciel, dont l'or précieux nous a été donné déjà, en plusieurs manières, pour payer notre dette et acheter le ciel : c'est la dernière invention de son amour, de laquelle il ne tiendra qu'à nous de profiter. Et malheur à ceux qui ne le feront pas, ou qui ne le voudront pas faire! Il désire qu'en nous sanctifiant nous glorifiions ce Cœur tout amour, lequel a plus souffert que tout le reste de la sainte humanité de Notre-Seigneur JÉSUS-CHRIST. Dès le moment de l'Incarnation, ce Cœur sacré a été changé en une mer d'amertume, souffrant dès ce premier instant jusqu'à son dernier soupir sur la croix. Tout ce que cette sainte humanité a souffert intérieurement dans le cruel supplice de la croix, ce divin Cœur l'a ressenti continuellement. C'est pour cela que Dieu veut qu'il soit honoré par un hommage particulier, afin que les hommes lui fassent goûter autant de joie et de plaisir par leur amour et hommages, qu'ils lui ont fait sentir d'amertume et d'angoisses par leurs peines.

Il n'y a rien de plus doux, ni de plus suave, et en même temps rien de plus fort ni de plus efficace, que la suave onction de l'ardente charité de cet aimable Cœur, pour convertir les âmes les plus endurcies. Il pénètrera les cœurs les plus insensibles par la parole de ses prédicateurs et fidèles amis, qu'il rendra comme un glaive ardent, qui fera fondre en son amour les cœurs les plus glacés. Et ceci est particulièrement pour les religieux de la sainte Compagnie de Jésus, *afin de* leur donner des moyens favorables de s'acquitter dignement et parfaitement des fonctions de leur ministère de charité, pour la gloire de Dieu, dans la conversion des âmes.

Ils doivent beaucoup exciter *les âmes* à se prévaloir du grand trésor qui est renfermé dans cette dévotion au sacré Cœur, par le moyen duquel il ne tiendra qu'à nous de satisfaire à la divine justice. Premièrement, il faut poursuivre ses désirs *et* travailler à le faire connaître et aimer avec une grande pureté d'amour, dépouillés de tout propre intérêt. En second lieu, il veut que nous nous adressions à lui en toutes nos nécessités, avec une humble et respectueuse, mais toute filiale confiance, nous abandonnant totalement à ses soins amoureux, comme des enfants à leur bon père : nous ayant enfantés sur la croix avec tant de douleurs, *il* ne pourra s'oublier de ses tendresses pour pourvoir à tous nos besoins. En troisième lieu, il veut une grande charité pour le prochain, le priant pour lui comme pour nous : car c'est un des particuliers effets de cette dévotion, de réunir les cœurs divisés et de pacifier les âmes.

Et lorsque l'on est tombé en quelque faute, il faut recourir à ce divin Cœur pour nous remettre en grâce avec Dieu le Père, auquel il faut offrir une des vertus opposées à notre faute, comme son humilité pour notre orgueil, et ainsi du reste. En le faisant avec amour, nous satisferons par ce moyen, suivant ses promesses, à notre dette envers sa divine justice.

Ce divin Cœur est une source intarissable, où il y a trois canaux qui coulent sans cesse : premièrement, de miséricorde pour les pécheurs, sur lesquels découle l'esprit de contrition et de pénitence ; le second est de charité, qui s'étend pour le secours de tous les misérables qui sont en quelque nécessité, et particulièrement ceux qui tendent à la perfection y trouveront, par l'entremise des saints Anges, de quoi vaincre les obstacles; du troisième, découlent l'amour et la lumière pour les parfaits amis qu'il veut unir à lui, pour leur communiquer sa science et ses maximes, afin qu'ils se consacrent entièrement à lui procurer de la gloire, chacun en sa manière; et la sainte Vierge sera la spéciale protectrice de ceux-ci, pour les faire arriver à cette vie parfaite. De plus, ce divin Cœur se rendra l'asile et le port assuré, à l'heure de la mort, de tous ceux qui l'auront honoré pendant leur vie, et les défendra et protègera.

Et il faut vous dire une pensée qui me vient en vous écrivant, qui est que ce divin Cœur est comme un bel arbre, qui a jeté bien profondes ses racines dans l'Ordre de la Visitation. A cause de sa petitesse, il y fera mieux paraître l'éclat de sa puissance et de sa grandeur. Cet arbre est chargé de toute sorte de bons fruits salutaires, propres à purifier *du* venin du péché et à redonner la vie à l'âme. Et comme il ne veut pas qu'un fruit si précieux demeure caché et inutile, il a choisi les Révérends Pères Jésuites pour le distribuer et en faire goûter la douceur et suavité à un chacun, en leur découvrant combien il sera utile et profitable aux âmes qui s'en nourriront avec les dispositions requises.

Enfin, ce divin Cœur est un abîme de bien, où les pauvres doivent abîmer leurs nécessités ; un abîme de joie, où il faut abîmer toutes nos tristesses ; un abîme d'humiliation pour notre orgueil, un abîme de miséricorde pour les misérables, et un abîme d'amour, où il nous faut abîmer toutes nos misères.

Mais, mon Dieu, si ce divin Cœur voulait manifester sa puissance en ce temps de calamité et de désolation, tant pour le soutien de la foi que pour le rétablissement de la paix, en faisant triompher notre Roi de ses ennemis, que de bonheur si cela était ! Mais il faudrait pour cela qu'il fût connu en ces lieux-là ; et comment cela se pourrait-il faire ? Mais je ne sais pourquoi, en vous disant tout ceci, je me sens abîmée dans une étrange confusion. Hélas ! peut-être tout ce que je vous ai dit n'est qu'inutilité : mais je puis vous assurer que ce n'était pas mon intention de vous dire tout ceci, quand j'ai commencé cette lettre. J'espère que vous la brûlerez, après avoir examiné de quel esprit vous voyez que je suis conduite, pour me le dire et me détromper, si cela se peut. Car si c'est l'esprit du démon, je serais bien damnée, par le grand empire qu'il a sur tout mon être corporel et spirituel ; en telle sorte, qu'il me semble qu'il m'a tellement faite pour lui, que mon cœur semble insensible à tout autre mouvement que ceux qu'il excite comme il lui plaît dans ce même cœur, soit de joie ou de tristesse, de consolation ou de douleur, etc.

Enfin, voilà deux brouillons de lettre comme vous me les demandez, mais je pense que peut-être n'y trouverez-vous rien de ce que vous souhaitez. Mais c'est que le Seigneur, comme je pense, vous veut tout donner par lui-même et veut tout faire en vous, car il vous aime. Je vous dis particulièrement, selon qu'il me le fait comprendre, que les trésors de son sacré Cœur vous sont ouverts; et je vois qu'il vous y fera puiser abondamment, et et même vous les départira avec profusion, pour l'accomplissement de cette grande œuvre à laquelle il me semble ne pouvoir plus douter qu'il ne vous ait destiné. Mais, si je ne me trompe, il demande que vous y travailliez dans un parfait oubli et défiance de vous-même, tout appuyé sur cette parfaite confiance en lui, laquelle il vous a déjà si abondamment départie. De plus, il n'y faut d'autre vue que celle de son pur amour.

Je ne manquerai pas de lui offrir ces deux saints religieux [1] sur qui, si je ne me trompe, il a de grands desseins pour la gloire de son divin Cœur, qui aime les âmes humbles et pures; et vous me recommanderez à leur charité envers les pauvres pécheurs, et qu'ils ne m'oublient pas dans

[1] Les Pères Gette et de Villette.

leurs saints sacrifices. *Que* Dieu *soit* béni éternellement, et nous veuille consumer dans les flammes de son pur amour !

Vous voulez bien que je vous dise encore : tant pour les méditations que tout le reste, soyez ardent en l'amour, le plus que vous pourrez, et qu'il soit court et succinct ; je crois que vous comprendrez bien ce que je veux dire. J'oubliais de vous dire que plusieurs personnes désirent ardemment de voir la messe du sacré Cœur approuvée, du moins par Messeigneurs les évêques, s'il ne se peut encore du Pape. C'est pourquoi l'on me presse fort de m'adresser à celui qui a composé ce petit livre de Lyon, pour le prier de voir s'il la pourrait faire approuver de Mgr l'archevêque de Lyon [1], comme vous voyez que Mgr de Langres l'a approuvée pour son diocèse ; vous avez vu ce me semble cette approbation. Je tâche de faire connaître vos livres autant que je le puis. Voyez ce que vous pourrez faire sur ce que je dis..., etc.

[1] Par mandement de l'archevêque de Lyon, Mgr Paul de Neuville de Villeroy, la fête du Sacré-Cœur fut, pour la première fois, célébrée d'office dans toute l'étendue du diocèse, le 16 juin 1719. Le P. Croiset était alors supérieur du collège de la Trinité, à Lyon, et fut, peut-être, l'instigateur de l'ordonnance épiscopale.

En l'année 1617, il avait déjà envoyé un mémoire à Rome, pour répondre aux désirs les plus ardents de la Bienheureuse ; mais les esprits n'étaient pas encore disposés à recevoir cette chère dévotion, et le mémoire n'y fut pas favorablement accueilli.

QUATRIÈME LETTRE

Vive † Jésus !

De notre Monastère, ce 3e novembre 1689.

Enfin, c'est donc cette fois qu'il faut que nos cœurs se consument sans remise dans cette ardente fournaise du sacré Cœur de notre aimable Jésus, puisque, ne pouvant plus contenir ses flammes dans lui-même, il les lance avec tant d'ardeur dans les cœurs qu'il trouve disposés à brûler ! Qu'à jamais donc en puissions-nous brûler !

Ah ! que de consolations vos lettres me donnent, lorsqu'elles m'apprennent les heureux progrès de cette aimable dévotion, laquelle fait toute ma joie et mon *seul* contentement en cette vallée de larmes ! Vous avez bien fait de me dire que vous avez reçu la nôtre dernière, car ce me serait une sensible douleur qu'elle fût vue d'autre que de vous, parce que je vois bien que, malgré moi, je m'y fais plus connaître que je ne voudrais. Mais je puis vous assurer que je ne le fais que par obéissance qui me l'ordonne, pour la gloire de mon divin Maître, à laquelle je suis toute sacrifiée. Et il faut vous dire deux choses, qui m'ont toujours grandement tourmentée *en* parlant des grâces singulières que ce Souverain fait à son indigne esclave. La première est *la crainte* qu'après m'être trompée moi-même, je ne trompe les autres à qui je parle de ces choses, et que l'on attribue à la créature ce qui n'est dû qu'au Créateur et à sa pure miséricorde. Puisque c'est lui qui fait tout et qui a toujours tout fait en cela, *je* ne *puis* pas dire lui avoir jamais rien servi que d'obstacle par ma grande pauvreté, qui me rend un composé de toute sorte d'ignorances et de misères. *Cette pauvreté est*, je pense, un des motifs qui l'a obligé à se servir d'un si vil instrument, à peu près comme il fit *de* la boue qu'il mit sur les yeux de l'aveugle-né. Oui, car s'il avait trouvé un plus chétif et indigne sujet, pour en faire un composé de ses grandes miséricordes, il l'aurait pris. Prenez-donc garde, je vous en avertis, de vous tromper en ce que je vous dis.

La deuxième chose, c'est que vous me donniez cette assurance que tout ce que je vous ai dit, ou que je vous dirai, sera caché sous le sceau d'un inviolable secret, ne parlant jamais de moi pour me faire connaître, ni pendant ma vie ni après ma mort. Voulant demeurer anéantie, inconnue, ensevelie dans un éternel oubli, vous me ferez la grâce de brûler toutes nos lettres, afin qu'autant que la gloire de mon divin Maître le pourra permettre, il ne reste aucune mémoire d'une si méchante créature. Je vous dis cela une fois pour toutes. L'assurance que vous me donnerez de ce que je vous demande, et que vous contribuerez de tout votre pouvoir qu'en faisant connaître le sacré Cœur de notre bon Maître, vous me rendrez inconnue, tiendra mon âme en paix, et me fera compter cette obligation au nom des plus grandes que je vous puisse avoir. Vous m'ordonnez de vous parler confidemment et simplement, ou plutôt mon divin Maître le veut : car sans cela je m'efforcerais en vain de le faire. Je ne peux répondre à ce que vous me demandez sans vous dire bien des choses, lesquelles je souhaiterais être ensevelies dans un éternel silence, à moins que la gloire de mon Souverain ne le requît autrement.

Dites-moi votre pensée sur ce que je viens de vous dire ; car il me fait connaître que je dois donner créance à ce que vous me direz de sa part, et j'en ai senti des effets. Lorsque vous m'avez assuré dans votre *lettre* que c'est l'Esprit de Dieu qui me conduit, cela m'a un peu rassurée, mais non pas ôté la grande peine que je souffre en parlant de moi ou de ces grâces singulières, lesquelles, par le mauvais usage que j'en fais, ne serviront qu'à ma plus grande condamnation. Car je mène une vie tout opposée à ces faveurs, et dont toutes les œuvres me condamnent. Mais, après tout, puisque vous m'assurez que mon Souverain veut cela de moi, faut-il tant de regard sur mes intérêts ?

Je vous dirai donc que ce Souverain, s'étant un jour présenté à son indigne esclave, me dit :

« *Je cherche une victime pour mon Cœur, laquelle je veuille sacrifier comme une hostie d'immolation à l'accomplissement de ses desseins.* »

Alors, me sentant toute pénétrée de la grandeur de cette souveraine Majesté et m'étant prosternée, je lui présentai plusieurs saintes âmes, qui correspondraient fidèlement à ses desseins.

— « *Mais je n'en veux point d'autre que toi, et je veux que tu consentes à mon désir.* »

Toute fondue en larmes, je répliquai qu'il savait bien que j'étais une criminelle, et que les victimes devaient être innocentes ; que je ne ferais que ce que ma Supérieure m'ordonnerait, à quoi il consentit. Mais il ne cessait de me poursuivre, et moi de lui résister, par la grande crainte que j'avais que ces voies extraordinaires ne me retirassent de l'esprit simple de ma vocation. Mais c'était en vain que je lui résistais. Il ne me donnait point de repos jusqu'à ce que, par l'ordre de l'obéissance, je me fusse immolée à tout ce qu'il désirait de moi, qui était de me rendre une victime, sacrifiée à toute sorte de souffrances, d'humiliations, contradictions, douleurs et mépris, sans autre prétention que d'accomplir ses desseins. A quoi m'étant offerte, il me dit qu'il savait mes craintes, mais qu'il me promettait, comme je crois vous l'avoir déjà dit, d'ajuster tellement ses grâces à l'esprit de ma règle, à l'obéissance due à mes supérieures et à ma faiblesse et infirmité, que l'un n'empêcherait point l'autre.

Après cela, il me départit ses grâces avec tant de profusion, que je ne me connaissais pas moi-même, ce qui rendit mes craintes encore plus grandes et m'obligea de lui demander instamment de ne jamais rien laisser paraître en moi, *sauf* ce qui me rendait plus vile, abjecte et méprisable devant les créatures. Il me *le* promit.

Dans une retraite que je fis quelque temps *après*, je reçus des grâces de *sa* libéralité et miséricorde inconcevable. Il ne m'est pas nécessaire de parler de ces *faveurs;* je dirai seulement que ce fut alors où sa bonté me découvrit la plus grande partie des grâces qu'il avait destiné de me faire, sur tout ce qui regarde son aimable Cœur. Sur quoi, m'étant prosternée, je lui demandai de vouloir donner ses grâces à quelque âme fidèle, *puisqu'*il savait bien que je n'étais propre qu'à faire obstacle à ses desseins. Il me fit entendre, alors, que c'était pour cela même qu'il m'avait choisie, afin que je ne me puisse rien attribuer, parce qu'il suppléerait lui-même à tout ce qui me manquerait.

Et une fois, ce Souverain de mon âme m'ayant gratifiée de sa visite, il me dit : « Je viens t'apprendre combien il te conviendra *de* souffrir pour mon amour et pour l'exécution de mes desseins. » Ensuite, il me découvrit ce que je devais faire le reste de ma vie, mais tout cela avec des impressions si fortes, que toutes ces souffrances s'imprimèrent en moi, comme si effectivement je les eusse toutes souffertes en ce moment. Sur quoi il me dit que je ne devais rien craindre, parce qu'il me promettait une des plus grandes grâces qu'il eût jamais *faites* à aucun de ses amis, qui était de me gratifier de sa présence actuelle et continuelle. Comme un fidèle et parfait ami, il prendrait ses délices avec son indigne esclave, la favorisant de ses amoureux entretiens :

« *Lorsque tu feras des fautes, je les purifierai par les souffrances, si tu ne le fais par la pénitence. Je ne te priverai point de ma présence pour cela, mais je te la rendrai si douloureuse qu'elle tiendra lieu de tout autre supplice.* »

Et, dans ce moment, il effectua si bien sa promesse qu'il m'était toujours présent. Je le sentais toujours proche de moi, comme si l'on était proche de quelqu'un que les ténèbres de la nuit empêcheraient de voir des yeux du corps. Mais la vue perçante de l'amour me le fit voir et sentir, d'une manière bien plus aimable et certaine, et de différentes manières.

Cette divine présence imprime en moi tant de respect que, lorsque je suis seule, il ne me donne point de repos que je ne sois prosternée à genoux, comme un petit néant devant ce Tout-Puissant. Cette grandeur infinie m'environne de sa puissance, laquelle s'est tellement emparée des miennes et de tout mon être corporel et spirituel, que je puis vous assurer, ce me semble, n'avoir plus de pouvoir sur moi-même.

Il agit en moi indépendamment de moi-même, me trouvant comme impuissante à lui résister, quoique souvent la crainte d'être trompée m'y fasse employer tous mes efforts. Il *les* rend tous inutiles, en ne me laissant rien de libre, quand il lui plaît. Et il imprime en moi une paix inaltérable, une joie, un rassasiement et un désir ardent de me conformer à la vie souffrante, humble, cachée et méprisée de mon Sauveur, en telle sorte que les mépris, pauvreté, douleurs, humiliations, sont les mets délicieux dont il nourrit continuellement mon âme, qui n'en peut plus goûter d'autres. Tout *mon* plaisir, en cet exil, c'est de n'en avoir point que celui qui se trouve sur la croix de toute sorte de souffrances, privée de toute autre consolation que celle du sacré Cœur.

Et je vous avoue que ce Souverain de mon âme

a pris un tel empire sur moi que, si c'est l'esprit du démon, je serai bien damnée au plus profond de l'enfer. Je vous dis tout ceci comme il me semble être ; mais, hélas! je ne sais si je me trompe, ne me sentant ni jugement, ni discernement en tout ce qui me regarde. Dites-moi ce que vous en croyez.

Pour en revenir à ce que vous désirez *au* sujet du sacré Cœur, la première grâce qu'il me semble avoir reçue pour cela, ce fut un jour de saint Jean l'Évangéliste. Après m'avoir fait reposer plusieurs heures sur cette sacrée poitrine, je reçus de cet aimable Cœur des grâces dont le souvenir me met hors de moi-même ; et je ne crois pas nécessaire de les *spécifier :* le souvenir et l'impression m'en resteront toute ma vie.

Après cela, ce divin Cœur me fut présenté comme dans un trône de flammes, plus rayonnant qu'un soleil et transparent comme un cristal, avec sa plaie adorable. Il était environné d'une couronne d'épines, qui signifiait les piqûres que nos péchés lui faisaient, et une croix au-dessus signifiait que, dès les premiers instants de son Incarnation, c'est-à-dire, dès lors que ce sacré Cœur fut formé, la croix y fut plantée. Il fut rempli, dès ces premiers instants, de toutes les amertumes que lui devaient causer les humiliations, pauvreté, douleur et mépris que la sacrée humanité devait souffrir, pendant tout le cours de sa vie et en sa sainte Passion.

Et il me fit voir que l'ardent désir qu'il avait d'être aimé des hommes et de les retirer de la voie de perdition, où Satan les précipite en foule, lui avait fait former ce dessein de manifester son Cœur aux hommes, avec tous les trésors d'amour, de miséricorde, de grâce, de sanctification et de salut qu'il contenait. Tous ceux qui voudraient lui rendre et procurer tout l'amour, l'honneur et la gloire qui serait en leur pouvoir, il les enrichirait avec abondance et profusion de ces divins trésors du Cœur de Dieu, qui en était la source. *Mais* il fallait l'honorer sous la figure de ce Cœur de chair, dont il voulait l'image exposée et portée sur moi, sur le cœur, pour y imprimer son amour, le remplir de tous les dons dont il était plein et y détruire tous les mouvements déréglés.

Et partout où cette sainte image serait exposée, pour y être honorée, il y répandrait ses grâces et ses bénédictions.

Cette dévotion était comme un dernier effort de son amour qui voulait favoriser les hommes, en ces derniers siècles, d'*une* telle rédemption amoureuse, pour les retirer de l'empire de Satan qu'il prétendait ruiner, et pour nous mettre sous la douce liberté de l'empire de son amour, qu'il voulait rétablir dans les cœurs de tous ceux qui voudraient embrasser cette dévotion.

Après cela, ce Souverain de mon âme me dit : « Voilà les desseins pour lesquels je t'ai choisie et fait tant de faveurs. J'ai pris un soin tout particulier de toi dès le berceau ; je ne me suis rendu moi-même ton maître et ton directeur que pour te disposer à l'accomplissement de ce grand dessein, et pour te confier ce grand trésor que je te montre ici à découvert. »

Alors, me prosternant en terre, je lui dis avec saint Thomas :

« Mon Seigneur et mon Dieu ! »

Ne pouvant m'exprimer de ce que je sentais pour lors, je ne savais si j'étais au ciel ou en terre.

Depuis ce temps, les grâces de mon Souverain devinrent plus continuelles, et ne pouvant contenir en moi les ardentes impressions d'amour qu'elles me faisaient, je tâchais de les répandre tant par mes paroles que par écrit, dans la pensée que les autres recevant les mêmes grâces étaient dans les mêmes sentiments. Mais j'en fus détrompée, tant par le R. P. de la Colombière, que par les humiliations et persécutions que cela m'attira.

Le temps qu'Il s'était proposé n'étant pas encore arrivé, il prit soin, lui-même, de me disposer selon son désir, comme il me l'avait promis, n'ayant jamais eu d'autre directeur. Voici quelques-unes de ses dispositions : la première est qu'après une confession générale de ma vie très criminelle et méchante, d'abord après l'absolution, il me montra une robe qu'il appelait d'innocence, laquelle était plus blanche que la neige, dont il me revêtit. Et *il* me dit : « Voici que j'ôte pour toujours la malice de ta volonté, afin que désormais les fautes que tu commettras soient pour t'humilier, et non pour m'offenser. »

Et puis, m'ouvrant derechef son Cœur adorable, il me dit, en m'y mettant :

« Voici le lieu de ta demeure actuelle et perpétuelle, où tu pourras conserver sans tache la robe d'innocence dont j'ai revêtu ton âme. »

Et depuis, je me voyais et trouvais toujours dans cet aimable Cœur, d'une manière que je ne sais pas exprimer, sinon de dire que j'étais parfois comme dans un jardin ou parterre délicieux, émaillé de toute sorte de fleurs; d'autres fois, comme un petit poisson dans le vaste océan de la mer, et aussi comme l'or dans le creuset, pour y être purifiée; mais, pour l'ordinaire, c'est comme *dans* un abîme et fournaise de ce pur amour.

Une fois, il me demanda de faire un testament en sa faveur, en la manière qu'il m'apprendrait; que ma supérieure servirait de notaire, et qu'il la payerait de ses peines : ce qui fut comme il l'avait désiré. Après quoi, *le* lui ayant présenté, il me le fit signer sur mon cœur en la manière douloureuse qu'il voulut. Et puis il me dit :

« Enfin, te voilà toute pour moi et toute à moi, pour faire tout ce qui me plaira, comme de ma fille, mon épouse, mon esclave, ma victime et le jouet du bon plaisir de mon Cœur. »

Dans *ce Cœur*, il me fit lire, et ensuite écrire ce qu'il y avait d'écrit pour moi. En voici quelques lignes, avec un testament fait en ma faveur :

« Je te constitue héritière des trésors de mon sacré Cœur, pour en disposer à ton gré en faveur des sujets bien disposés. Ce Cœur sera ta caution, qui répondra et paiera pour toi ; il sera le réparateur de tous tes défauts, et prendra soin de t'acquitter de tous les devoirs et obligations, et tu ne manqueras de secours que lorsqu'il manquera de puissance. Et comme tu t'es toute donnée et sacrifiée à l'amour de son bon plaisir, aussi ne dois-tu plus avoir d'autre application ni occupation que *de* l'aimer, et te laisser sacrifier et immoler. »

Il me promit qu'il aurait soin de châtier ou de récompenser tout ce qui me serait fait ; et, comme tous les biens spirituels que l'on ferait pour moi retourneraient à la disposition de son sacré Cœur, en faveur de la donation que je lui en avais faite, tous ceux qui prieraient pour moi lui feraient tant de plaisir qu'il les enrichirait de l'abondance des trésors du sacré Cœur. *Il ajouta* qu'il prenait un singulier plaisir de disposer des prières et des sacrifices de la sainte Messe que l'on faisait à mon intention, qui n'est autre que la sienne. Il m'avait fait entendre qu'il susciterait plusieurs de ces âmes à prier pour moi, afin que j'eusse le moyen de lui faire un trésor; quoique composé de ses biens mêmes, il voulait avoir le plaisir de les distribuer à son gré, comme d'un bien qu'il aurait reçu. Et voilà pourquoi ceux qui me font quelque bien spirituel, non seulement participent aux richesses immenses de ce divin Cœur, mais encore lui font un grand plaisir.

Une fois, ce Souverain de mon âme me commanda de veiller toutes les nuits du jeudi au vendredi, *durant* une heure, prosternée contre terre avec lui, et qu'il m'apprendrait ce qu'il désirait de moi. C'était aussi pour réparer cette heure dont il se plaignait, au jardin des Olives, *disant* que ses Apôtres n'avaient pas veillé une heure avec lui [1].

L'obéissance m'ayant permis cela, il ne se peut dire ce que je souffrais : car il me semblait que ce divin Cœur versait dans le mien toutes ses amertumes, et réduisait mon âme dans des angoisses et agonies si douloureuses, qu'il me semblait

[1] Voir un extrait de ce passage dans l'abrégé de la vie de Sœur Marguerite-Marie Alacoque, p. 84 et 85.

parfois devoir expirer. C'est dans ce temps qu'il m'a fait voir que ma vie ne serait qu'une continuelle souffrance, et qu'elle s'écoulerait toute sur une croix composée de toute sorte de bois, parce qu'il voulait établir le règne et l'empire de son sacré Cœur sur la ruine et destruction de moi-même. C'est ainsi que les effets s'ensuivent, n'étant pas un moment sans souffrir, et presque toujours selon toute l'étendue de force du corps et de l'esprit.

Et voici comment il me fait souffrir ce martyre continuel. Une fois, il m'a fait voir dans ce Cœur adorable deux saintetés : l'une d'amour, l'autre de justice. Il environnait de cette dernière le pécheur impénitent, lequel avait méprisé tous les moyens de salut qu'il lui avait présentés. Alors cette sainteté de justice le rejetait du Cœur de Jésus-Christ, pour l'abandonner à lui-même et le rendre insensible à son propre malheur. C'est donc par cette sainteté qu'il me fait souffrir, mais surtout lorsqu'il veut abandonner quelque âme qui lui est consacrée. Il m'en fait porter le poids d'une manière si douloureuse, qu'il n'y a point de supplice en la vie qui lui puisse être comparé ; car je me jetterais volontiers dans une fournaise ardente pour l'éviter. Mais je serais trop longue à exprimer ce que j'en expérimente ; *il* suffit de dire que *cette sainteté* ne peut souffrir la moindre tache dans une âme qui converse avec Dieu ; et mille fois elle anéantirait le pécheur, si la miséricorde ne s'y opposait.

La sainteté d'amour n'est guère moins douloureuse en sa manière ; mais ses souffrances sont pour réparer, en quelque manière, l'ingratitude de tant de cœurs, qui ne rendent point de retour à l'amour ardent de celui de Jésus-Christ au divin sacrement d'amour. Elle fait souffrir de ne pouvoir assez souffrir ; elle imprime des désirs si ardents d'aimer Dieu et qu'il soit aimé, qu'il n'y a point de tourments à quoi l'on ne s'expose pour cela. Il me fut donc montré que ces deux saintetés s'exerceraient continuellement à me faire souffrir. Aussi n'y a-t-il rien de meilleur pour moi que de vivre et mourir sur la croix, accablée sous le poids de toute sorte de souffrances, et il me semble que je ne pourrais vivre sans souffrir [1]. Mais, hélas ! j'y succomberais souvent, s'il ne me soutenait par une grâce puissante. C'était un des sujets pour lequel il me commanda de communier tous les premiers vendredis de chaque mois, ou plutôt pour réparer les outrages qu'il a reçus, pendant le mois, au très saint Sacrement. Un de mes plus rudes

[1] Un extrait de ce passage se trouve dans l'abrégé de la vie de Sœur Marguerite-Marie Alacoque, p. 86-89. — *Vie et œuvres de la B. Marguerite-Marie,* t. II, p. 278, Lettre 127.

LE TABLEAU DU CŒUR DE JÉSUS

DANS LA PREMIÈRE CHAPELLE ÉRIGÉE EN SON HONNEUR

Ce tableau fut placé, du vivant de la B. Marguerite-Marie, dans un petit oratoire de la Visitation, à Paray. Dans le haut, Dieu le Père montre le Cœur de Jésus en disant : « *Voici le Cœur de mon Fils bien-aimé, en qui J'ai mis toutes mes complaisances.* » A gauche, saint Joseph : « *Venez,* dit-il, *il est ouvert à tous.* » A droite, la très sainte Vierge disant : *Aimez-le, il vous sauvera.* » Au bas, une âme qui dit : « *J'espère et me donne à lui.* » — « Ce tableau est comme je l'avais désiré pour cette petite chapelle, qui est la première qui a été érigée en l'honneur de ce divin Cœur. » (*Vie et œuvres,* II, p. 155.)

supplices était lorsque ce divin Cœur m'était représenté, avec ces paroles :

« J'ai soif, mais d'une soif si ardente d'être aimé des hommes au saint Sacrement, que cette soif me consume; et *je* ne trouve personne qui s'efforce, selon mon désir, *de* me désaltérer en rendant quelque retour à mon amour. »

Quelquefois, cet aimable Cœur est comme un soleil qui darde ses rayons de toute part et sur chaque cœur; mais les influences qu'il y répand sont bien différentes : car les âmes des réprouvés sont comme la boue et s'endurcissent encore davantage, et les justes en sont purifiés, sanctifiés.

Toujours je me sentais pressée et persécutée pour faire connaître ce divin Cœur, sans en pouvoir trouver les moyens jusqu'à ce temps que le Père de la Colombière fut envoyé ici; et, dans l'octave du Saint-Sacrement il fallut enfin me rendre, ne pouvant plus résister. Il fallut lui découvrir, malgré moi, ce que j'avais toujours tenu caché avec tant de soin, parce qu'il avait été destiné pour l'exécution de ce grand dessein, dont je confesse ne savoir ni pouvoir m'exprimer selon qu'il m'est donné à connaître; car c'est un abîme. Mais je crois qu'il en sait assez, et qu'il suppléera au reste.

Si vous connaissiez le rigoureux martyre que je souffre en écrivant ceci! *Je l'écris*, parce que vous me faites connaître *que* cela est nécessaire à la gloire du sacré Cœur de mon souverain Maître, auquel je suis toute dédiée et sacrifiée. Et encore, m'a-t-il fallu un commandement exprès de l'obéissance, tant je me fais de violence en vous disant tout ceci, comme il me semble s'être passé. Mais hélas! je ne sais si je me trompe, et toute ma vie n'est, peut-être, qu'illusion [1]. Dites-moi ce que vous en croyez; car tout ce qui console en ceci, c'est que du moins j'aurai toujours le bonheur de souffrir, par conformité avec mon Époux crucifié.

De plus, ce n'est que ses bienfaits que je vous raconte, *et* il m'a toujours fait voir qu'il ne me les donnait pas seulement pour moi, mais pour les distribuer aux autres. Pour cela, je devais recevoir tous ceux qu'il m'enverrait, lesquels il me ferait connaître s'être choisis et destinés pour faire connaître, aimer et honorer son sacré Cœur. Il me semble que vous ne devez plus douter que vous ne soyez de ce nombre, mais d'une manière particulière [2]......

..... Et, si je ne me trompe, il ne vous réunit tous [3] que pour avancer cette œuvre, suivant les

[1] Ici se termine l'extrait.

[2] Cette lacune semble prouver que le destinataire de la lettre en a été le copiste. Il s'agissait sans doute d'un apostolat spécial du sacré Cœur.

[3] Les PP. Croiset, Gette et de Villette, comme on le verra dans une autre lettre.

lumières qu'il vous donnera. Je pense que vous ne lui devez pas refuser cela, puisque tous trois avez assez reçu de preuves de l'amour de ce divin Cœur pour lui rendre ce retour qu'il attend de vous, qui est de ne *pas vous* épargner, et de vous employer, de tout votre pouvoir, à l'accomplissement du dessein qu'il a de donner cette dévotion comme un moyen de sanctification et de salut aux hommes.

Mais comment osé-je dire cela, moi chétive et misérable pécheresse? Quoi! mes paroles font-elles des miracles, ou sont-ce des oracles à qui vous deviez donner créance? Ah! mon Père, que de confusion pour moi de vous parler ainsi! Dans quel abîme de confusion et d'humiliation ne vais-je pas être abîmée! Mais n'importe, quoi qu'il m'arrive; pourvu que le Cœur de mon aimable Jésus soit connu et aimé, et qu'il règne, cela me suffit. La grâce que je vous demande, pour l'amour de ce sacré Cœur, et dont je vous conjure par tout l'amour que vous lui portez, c'est que tout ceci soit sous un inviolable secret; brûlez ces deux dernières lettres, après les avoir lues, ne me faisant parler jamais, ni de parole ni dans vos écrits. Je vous prie, ne me refusez pas cette grâce; autrement je ne vous répondrai plus, ni à personne, tant j'ai le désir de vivre et de mourir inconnue J'attends cette assurance de votre bonté, à la première occasion; et tout ainsi que je fais ce que vous me demandez, j'espère cela même de vous.

Je fais mille remerciements du présent que vous m'avez fait, qui est un trésor pour moi, dont ce divin Cœur me dépouille lui-même quelquefois plus que je ne voudrais Je vous avoue que les livres *et* les sujets de méditation me paraissent selon ce qu'il me semble m'en faire connaître, par l'agrément et le plaisir qu'il me semble y prendre; je ne doute point que ce ne soit lui-même qui vous l'a ainsi inspiré. Mais il faut, si je ne me trompe, achever sans remise, si vous *ne* voulez *pas* qu'un autre prenne votre place en cet ouvrage, lequel me fait sentir par avance une consolation incomparable [1].

Je ne manquerai *pas* de faire la visite au Saint-Sacrement à votre intention; cela m'est un double plaisir. Je dirai le *Pater* et l'*Ave* MARIA que vous me demandez, et ferai la communion que je vous ai dit : et avec tout cela je vous suis redevable; mais j'espère que le sacré Cœur récompensera tout, puisqu'il m'a rendue entièrement pauvre. Je vous remercie encore de la dévote image que vous nous avez envoyée. Je voudrais bien pouvoir vous en témoigner ma reconnaissance,

[1] Il s'agit ici de l'ouvrage que Notre-Seigneur lui-même demanda au P. Croiset et qui est intitulé : *La Dévotion au sacré Cœur de Notre-Seigneur* JÉSUS-CHRIST.

mais hélas ! je n'ai qu'une bonne volonté remplie d'impuissance.

Je m'oubliais encore de répondre à un point de votre lettre, auquel vous me dites de vous dire quels sont les obstacles qui se sont opposés à cette sainte dévotion. O mon Dieu, comment pourrais-je vous satisfaire sans blesser la charité de ce divin Cœur, dont la moindre injure ou froideur qu'on a pour lui m'est plus sensible que tous les tourments imaginables que l'on pourrait me faire souffrir !

Voilà une longue et ennuyeuse lettre, qui vous fera du moins pratiquer la patience en la lisant, *et* vous ôtera le désir de vous en procurer jamais de semblables. Votre réponse me donnera, peut-être, quelque consolation et adoucira la peine que je souffre en la faisant. Enfin, je souhaite que ce soit à la gloire de notre divin Maître, dans l'amour duquel je vous désire tout consumé. *Qu*'il soit béni, aimé et glorifié éternellement ! *Amen.*

Je m'oubliais de vous dire que je ne puis vous spécifier le temps auquel il me semble toutes ces choses s'être passées, ne pensant plus devoir être obligée d'en jamais parler, quoiqu'il me fût dit souvent le contraire. L'ardent désir que j'ai toujours eu de me tenir cachée me fait regarder comme un châtiment, dû à mes grands péchés, l'impuissance où la gloire et l'intérêt de mon

Souverain me met. Quoique je ne vous aie parlé que de quelques-unes des pures libéralités de sa miséricorde et non de moi, autant que je peux, ni des effets et impressions que ces grâces faisaient et font en moi, ne laissez pas de m'en dire votre pensée, et de quel esprit vous croyez venir tout cela. Nonobstant les effets qu'elles produisent, qui sont toujours d'amour, de paix et de confusion de la vue de mon néant, je ne laisserai pas d'en croire ce que vous m'en direz vous-même. Quand vous me feriez voir que tout cela n'est que tromperie et illusion, il me semble que je ne m'en troublerais point, ne m'y étant jamais attachée, mais seulement à Celui que j'ai pensé en être l'auteur, qui est mon Seigneur Jésus-Christ, duquel, il me semble, on ne me peut ôter ni séparer ; cela me suffit.

De plus, je suis persuadée que rien ne se fera, en cette œuvre, qu'à mes dépens, c'est-à-dire que mes peines et souffrances, soit d'humiliation, anéantissement, mépris, douleur ou contradiction, s'augmenteront à mesure que le règne et l'empire de cet aimable Cœur s'étendra par cette dévotion, dans laquelle il suffit de faire ce qu'il nous inspire être à notre pouvoir. Puis, après avoir jeté la semence, il faut laisser agir la grâce de ce divin Cœur, lequel prendra soin de la cultiver et faire fructifier, par l'onction amoureuse de son ardente charité. Il veut faire connaître par ce moyen ceux qu'il a prédestinés à être ses vrais amis, pour l'aimer et glorifier éternellement dans le ciel, comme ils s'y seront occupés sur la terre, espérant qu'il ne laissera rien périr de tout ce qui lui sera consacré, comme nous l'avons dit.

Et il faut vous avouer, avant *de* finir, ce que je me sens pressée de vous dire, qui est que ce divin Cœur prendrait, ce me semble, un grand plaisir, qu'il y eût une sainte et étroite union entre vous trois, c'est-à-dire ces deux autres saints religieux qui lui sont aussi fort agréables [1], afin que, d'un commun accord, vous le glorifiiez, chacun en la manière qu'il lui fera connaître le désirer. Si cela ne se peut faire, ne vous en faites nulle peine; car, voyez que je vous expose simplement mes pensées, selon votre désir. Il me semble que le sacré Cœur leur départira abondamment ses grâces et ses secrets.

Mais, au reste, je ne saurais me lasser de vous témoigner les sentiments de reconnaissance qu'il me donne de toutes les charités que vous exercez à mon égard; en soit-il votre éternelle récompense! Et pour toutes les raisons que vous dites,

[1] Le P. Gette, qui avait composé le petit office du Sacré-Cœur, et le P. de Villette, dont il est parlé dans d'autres lettres de la Bienheureuse.

je ne crois pas en savoir de suffisantes pour retarder le dessein de vos méditations [1], qu'il me semble ne pouvoir être mieux. J'en ai vu le sujet avec bien de *la* consolation ; je supplie le divin Cœur de vous rendre de plus en plus ardent en son pur et saint amour.

Mais il faut vous dire encore, ou plutôt vous demander, si vous agréeriez la connaissance d'une sainte religieuse [2], laquelle est celle qui a fait imprimer ces petits livres de Dijon, non pas qu'elle m'en ait donné la charge, mais c'est parce qu'elle est tellement zélée pour la gloire du sacré Cœur qu'elle n'épargne rien pour cela, et je vous le propose de moi-même, tant que cela ne devra *point* vous faire de la peine.

MARIA *concepta est sine peccato.*

[1] Le P. Croiset a mis, dans son livre de *La Dévotion au sacré Cœur,* des méditations pour tous les Vendredis de l'année.

[2] La Mère Joly.

CINQUIÈME LETTRE

Cette magnifique lettre, dans laquelle respire l'amour le plus ardent et le plus pur envers le Cœur adorable de JÉSUS, ne porte pas de date. Mais elle a été certainement écrite avant le 23 mars 1690, comme on le verra plus bas.

Vive JÉSUS !

Il est vrai, l'ardent et juste désir qui m'a toujours pressée, dès ma tendre jeunesse, de vivre pauvre, inconnue, oubliée et méprisée, m'empêcherait de jamais écrire ni paraître au parloir, si l'obéissance, qui m'est une loi inviolable, n'en ordonnait autrement, ne me permettant pas de contenter cette inclination. Mais j'aurai le bonheur d'obéir en vous répondant simplement et sans façon [1] ; car le pur amour n'en veut point.

Je ne sais pourquoi vous tombez, à mon *égard,* dans la défiance que je vous oublie, et que je me veuille dédire d'une convention et union de biens

[1] Ce paragraphe est reproduit textuellement par le Père Croiset, dans son *Abrégé de la vie de Sœur Marguerite-Marie*, p. 62. — *Vie et œuvres*, t. II, p. 267, lettre 125me, § 1er.

spirituels, qui m'est si avantageuse en toutes manières *et* que je tiens à grand bonheur. D'autant plus, qu'il me semble avoir lieu de croire qu'elle vient de l'ardente charité de Notre-Seigneur Jésus-Christ qui, comme je l'espère de sa bonté, la fera subsister éternellement dans son sacré Cœur, où tout est permanent. C'est là que son pur amour veut que nous vivions désormais comme frère et sœur pour l'aimer, honorer, glorifier de toutes nos forces, nous immolant *et* sacrifiant sans réserve pour le faire connaître, aimer et glorifier. Mais que je lui suis redevable de vous inspirer tant de charité à mon égard ! J'y fais un grand fond pour m'aider à opérer mon salut éternel, vous avouant de bonne foi que, si vous connaissiez cette chétive pécheresse qui vous parle, votre cœur, tout brûlant de charité, serait porté de compassion à demander fortement sa parfaite conversion à celui de notre bon Maître. Je l'ai béni mille fois, en lisant votre chère lettre, de voir que je vous ai mis au nombre de ses fidèles serviteurs et plus chers amis pour vous combler, avec profusion, de l'abondante suavité de son pur amour, duquel je vous souhaite tout consumé.

Votre partage, mon cher Frère, sera donc le Thabor tout éclatant de gloire [1], et le mien sera le

[1] Voyez un extrait de ce passage dans l'*Abrégé de la vie*

Calvaire jusqu'à mon dernier soupir, parmi les fouets, les épines, les clous et la croix, sans *autre* consolation ni plaisir que celui de n'en point avoir. O quel bonheur de pouvoir toujours souffrir en silence et mourir enfin sur la croix, accablée sous le poids de toute sorte de misères du corps et de l'esprit, parmi l'oubli et le mépris ! Bénissez donc, à votre tour, notre souverain Maître de ce qu'il me gratifie si amoureusement et libéralement de sa précieuse croix, ne me laissant pas un moment sans souffrir. Ah ! que ferais-je, sans cela, dans cette vallée de corruption, où je mène une vie si criminelle, que je ne me regarde que comme un égout de misères, ce qui me rend indigne de bien porter la croix pour me rendre conforme à mon Jésus souffrant.

Mais, par la sainte charité qui nous unit dans son aimable Cœur, priez-le qu'il ne me rebute pas, *à cause* du mauvais usage que j'ai fait, jusques *à* présent, de ce précieux trésor de la croix ; *qu'il* ne me prive pas du bonheur de souffrir, car c'est là tout l'adoucissement que je trouve à la longueur de mon exil.

de Sœur Marguerite-Marie, p. 29-32. — *Vie et œuvres,* t. II, p. 281, lettre 129me.

Le P. Croiset y supprime encore ce qui lui est personnel, et l'applique à toutes les âmes favorisées de consolations spirituelles.

Ne nous lassons donc jamais de souffrir en silence au corps et en l'esprit; la croix est bonne en tout temps, en tout lieu, pour nous unir à Jésus-Christ souffrant et mourant de la mort de notre amour. Il faut donc tâcher de nous rendre ses véritables copies, souffrant et mourant de la mort de son pur amour crucifié; car on ne peut aimer sans souffrir. Je me fais un plaisir de voir les autres tout abîmés dans les plaisirs de l'amour jouissant; pour moi, je n'en veux point ici d'autres que de me voir abîmée dans les douleurs d'un pur amour souffrant.

Jouissez donc, à la bonne heure; et moi, je souffrirai sans choix ni désir, de notre part, que l'accomplissement du bon plaisir divin, auquel il nous faut vivre tout abandonnés dans le parfait oubli de nous-mêmes. Laissons-lui faire en nous et de nous selon son désir, sans nous réserver d'autre soin que de l'aimer en souffrant ou agissant; cela suffit. Pourvu qu'il se contente, c'est assez. Mais je sens bien que je me satisfais trop en vous parlant des souffrances. Je ne peux faire autrement, car l'ardente soif que j'en sens me tourmente *plus* que je ne vous puis exprimer.

Je ne sais ni aimer ni souffrir, ce qui me fait voir que tout ce que j'en dis n'est qu'une production de mon orgueilleux amour-propre. Vous me consolez pourtant beaucoup, en me parlant du pur amour. Lui tout seul suffit ; mais il me semble que nous n'aurons jamais assez de temps pour aimer cet unique objet de notre amour.

Ah ! que vous serez heureux de pouvoir le recevoir tous les jours, lorsque vous célébrerez *le* divin sacrifice d'amour [1] ! Je m'en réjouis bien fort, non seulement parce que j'y participerai et m'y unirai, mais aussi pour le plaisir qu'il prendra d'entrer dans un cœur qui l'aime, qui est tout à Lui et qui ne veut que Lui. Demandez pour moi la même grâce, afin qu'en nous rendant de véritables copies de notre amour crucifié, nous correspondions fidèlement aux desseins qu'il a de nous sanctifier ; et puisque vous voulez que nous nous écrivions quelquefois, que ce ne soit donc que de *son* amour et de *sa* croix.

Mais, encore une fois, je ne vous peux assez remercier de la part que vous me donnez à vos prières. Je vous donne *part*, comme nous l'avons promis, *non seulement* à tout ce que je puis faire ou souffrir, mais encore aux prières que l'on fait pour moi. Je vous dirai confidemment que deux grands serviteurs de Dieu se sont sentis pressés, par son ardente charité, de me faire le plus précieux de tous les présents, qui est *de dire* chacun

[1] Cette lettre a donc été écrite avant le Jeudi-Saint (23 mars) 1690, jour où le P. Croiset célébra sa première messe.

une messe pour moi. Si vous saviez combien mon cœur est sensible à cette charité, vous m'aideriez à les recommander devant le Seigneur. Mais j'espère que son sacré Cœur suppléera à toutes mes impuissances, puisqu'il est tout mon trésor, tout mon pouvoir et toute mon espérance. Lorsque j'y vais, il me semble vous y trouver toujours bien avant.

Soyez donc, à jamais, tout à lui, et laissez-vous brûler et consumer de ses plus pures flammes, par lesquelles je le supplie *de* nous transformer tout en lui.

S. M. M. D. V. S. M. D. J.

SIXIÈME LETTRE

Vive ✝ Jésus !

Du 17me janvier 1690.

Mon Révérend Père,

Notre divin Maître *a* bien voulu me faire trouver beaucoup de consolation en lisant votre lettre, après m'en avoir interdit la lecture assez longtemps, à cause de certain mouvement trop empressé, qui m'était venu, d'y chercher cette consolation dans l'état sensible et souffrant où il m'a mise dans ce temps de carnaval. Tant de pécheurs l'offensent et l'abandonnent! Et il me semble que c'est tellement mon temps de douleur et d'amertume, que je ne peux voir ni goûter que mon Jésus souffrant et délaissé. *Je* compatis à ses douleurs; *et* son Cœur adorable m'*en* pénètre si vivement, que je ne me connais pas moi-même.

Tout sert à sa divine justice d'instrument propre à tourmenter cette victime criminelle, en telle sorte que je ne puis que me sacrifier comme une hostie d'immolation à sa sainteté de justice; *cette justice est* si terrible au pécheur, que je vous confesse que si sa sainteté d'amour et de miséricorde ne me soutenait, à mesure que l'autre me fait sentir le poids de sa rigueur, il me serait impossible de la soutenir un moment. Mais *je souffre* tout cela dans une paix inaltérable, me contentant d'adhérer au bon plaisir divin, et, pourvu qu'il se contente, cela seul suffit.

Je ne croyais pas pouvoir vous répondre ; mais je pense qu'il veut cela de moi. Il me donnera les moyens de le faire en la manière qu'il lui plaira ; car pour moi je ne voudrais dire autre chose, à présent, sinon :

« Mon âme est triste jusqu'à la mort. »

Ou bien les paroles de mon Sauveur en croix :

« Mon Dieu, pourquoi m'avez-vous abandonnée ! »

Et celle-ci :

« Mon Père, pardonnez-leur. »

Plus je souffre, plus je me sens altérée de souffrir. Il me semble que toutes les créatures devraient servir d'instrument à la divine justice pour me tourmenter, quoique je ne souhaite rien, ni ne demande rien. *Je* me contente de m'abandonner et me soumettre, en lui laissant le soin de tout faire en moi. Puisque ce n'est que lui seul que je veux, que m'importe que ce soit dans la consolation ou l'affliction ?

Quoique je croie n'avoir de part en ce que je vous dis des grâces de mon souverain Maître, *grâces* qui, par mon peu de correspondance, me seront peut-être le sujet d'une plus grande condamnation, je ne laisse pas de souffrir une espèce de martyre, lorsqu'il m'oblige d'en parler [1]. Je *le* fais souvent sans m'apercevoir de ce que je dis, et sans m'en pouvoir souvenir après l'*avoir* dit. C'est pourquoi ne vous étonnez pas, lorsque je vous redis peut-être la même chose.

Pour la proposition que vous me faites de mettre *ces grâces* dans votre livre, ô mon Dieu ! que me dites-vous là ? ce n'en est pas le temps, quelque raison que vous me puissiez alléguer, à moins que mon Seigneur Jésus-Christ ne vous eût fait connaître cela être sa volonté. J'ai peine à croire qu'il veuille *le* faire, après m'avoir, si je ne me trompe, consolée sur ce point, en me faisant entendre qu'encore que les choses ne soient pas mises au long, comme vous le souhaiteriez pour sa gloire, il est assez puissant pour suppléer par sa grâce et faire produire à votre livre les mêmes effets. Oui, j'ai confiance en mon Dieu, qui ne manque jamais de faire ce qu'il veut. Et ne pensez pas qu'en cela je me regarde

[1] Le P. Croiset a reproduit tout le commencement de cette lettre dans l'Abrégé de la Vie de la Sœur Marguerite-Marie Alacoque, p. 39, 42. — *Vie et œuvres*, t. II, p. 283. Lettre 130.

moi-même ; car il n'y a rien que je ne sacrifie pour la gloire de mon Souverain. Mais je crois qu'il ne le veut pas, par la raison que s'il le voulait, il m'ôterait cette étrange peine que j'ai d'être connue. Hélas! si vous la connaissiez, vous diriez que c'est une espèce de cruauté de me retirer de cette vie inconnue et cachée.

Je vous avouerai confidemment que toutes les fois qu'on lit ce qui a été tiré de la Retraite du R. P. de la Colombière, je sens s'imprimer en moi des peines si grandes et me sens jetée dans des abîmes de confusion et d'humiliation si étranges, que je ne sais plus où j'en suis; *d'autant* que chacun me regarde pour y avoir quelque part. De grâce, ne pensez donc plus à cette proposition.

Pour ce qui est *de ce* que vous demandez, pour moi, je crois que Dieu veut se servir de vous en cette œuvre : il me semble vous en avoir déjà dit ma pensée.

C'est dès le commencement, que mon divin Maître fit connaître à son indigne esclave qu'il avait choisi un vil instrument pour établir et attirer les cœurs à aimer le sien adorable. Il avait une ardente soif d'être connu, aimé et honoré des hommes par des hommages et honneurs particuliers, afin d'avoir moyen, en contentant son désir, de leur départir abondamment ses miséricordes et ses grâces sanctifiantes et salutaires.

Comme je lui représentais la chose si impossible de ma part, que j'étais plus propre à lui faire obstacle qu'à lui être utile en ce dessein, il me dit que je ne savais pas qu'étant tout-puissant il pourrait

JÉSUS DÉCOUVRANT SON CŒUR A LA BIENHEUREUSE

faire tout ce qu'il voulait, et qu'il ne voulait point en cela se servir de puissance humaine, mais de la suavité de son amour. Il me dit *encore* que je ne devais rien craindre, puisqu'il suppléerait à tout ce qui manquerait de ma part, et que pour cela il s'était choisi un certain nombre de véritables amis, dont il me donnerait connaissance.

Le Rév. P. de la Colombière fut le premier ; et, la première fois que j'eus l'honneur de vous voir, il me donna d'abord une si grande certitude qu'il vous avait choisi pour ce dessein, que c'était pour cela qu'il nous faisait participer aux ardeurs de son divin Cœur ; et que, dans la suite, vous auriez aussi quelque part à ses humiliations, sans m'en découvrir la manière ni le temps [1].

Lorsque vous vîntes pour la seconde fois, il me pressa fortement de vous demander ces méditations dont, peut-être, ne sus-je pas bien m'expliquer, par la grande crainte que j'ai de me tromper. Je fus ensuite rassurée par ces paroles qu'il ne vous donnerait jamais aucun goût à cette dévotion, ni facilité à y travailler, s'il ne vous avait choisi pour cela ; et, de plus, qu'il ne m'aurait jamais donné cette ouverture de cœur sur ce sujet à votre égard. Il me semble, si je ne me trompe, me promettre *encore* qu'il vous fournira toutes les grâces et secours nécessaires, et même qu'il

[1] Cette prophétie se réalisa : on peut voir dans la *Biographie du P. Croiset*, par le R. P. Régnault, quelles furent ces humiliations. (Toulouse, rue des Fleurs, 16.) — Prix, 50 cent.

suppléera de sa part à tout ce qui pourra manquer de la nôtre. Mais tout cela ne se fera pas sans beaucoup de peine et de souffrance, lesquelles vous devez recevoir comme de plus fortes preuves de sa volonté. C'est là le moyen de sanctification dont il veut se servir, je pense, pour nous faire atteindre à cette grande sainteté, dont il nous donne le désir. Et pour cela, il me semble vouloir de nous une grande confiance en lui et appui en son amour, un entier oubli et défiance de nous-même. C'est ce que je remarque particulièrement dans vos dispositions, étant fidèle à lui donner la gloire de tout et à tout prendre et attendre du Cœur adorable.

Je ne sais si, en ce que je vous ai dit, vous trouverez ces marques de la volonté de mon divin Maître que vous me demandez ; mais voilà ce que je vous en puis dire pour le présent. J'abandonne le reste à ce qu'il vous inspirera d'en croire, demeurant contente de tout ce qu'il fera et permettra à mon égard.

Et pour le trouble que vous sentez s'exciter en vous, il est vrai, je pense, que le démon y a beaucoup de part ; mais j'espère qu'il ne viendra pas à bout de ce qu'il prétend par là. En jetant votre âme dans le trouble, il voudrait empêcher notre divin Maître de s'en faire un trône de paix et d'établir dans notre cœur le règne de son pur amour, qu'il ira toujours augmentant et perfectionnant jusqu'à consommation, pourvu que vous vous abandonniez et le laissiez agir.

Ces craintes que vous avez sur ce qui peut vous arriver pour l'avenir ne lui plaisent pas, si je ne me trompe. *Elles* font obstacle à ses desseins et à votre perfection. De quelque part qu'elles viennent, voici le fruit qu'il veut que vous en tiriez : celui d'un parfait et entier sacrifice d'esprit, qui vous fasse embrasser amoureusement ce qui lui sera représenté de plus fâcheux et humiliant, sans réserve, et cela autant de fois que vous sentirez exciter ces troubles en vous. Par ce moyen, *vous* confondrez votre ennemi, et recevrez la même récompense que si vous aviez souffert toutes ces choses. Dès que vous aurez fait ces actes de sacrifice, il faut promptement vous en détourner, vous retirant dans le sacré Cœur de Jésus, jusqu'à ce que ces tempêtes et ces nuages ténébreux soient dissipés.

Hélas! mon cher Frère, puisqu'il n'y va que de notre intérêt dans tous ces sacrifices, que Dieu demande de nous, voudrions-nous bien y avoir encore quelque égard, puisqu'il importe peu à un cœur qui ne veut que Dieu et son bon plaisir, de quelle manière le pur amour le sacrifie, soit dans l'élévation, *soit dans* l'humiliation! Agir ou pâtir, c'est tout un à un cœur qui aime; laissons donc l'avenir à la providence du pur amour de ce divin Cœur, qui demande du nôtre la fidélité dans les moments présents.

De plus, ces troubles sont encore excités en vous pour vous apprendre à mourir continuellement à vous-même, *et à* vous détacher de tous vos intérêts propres, afin qu'avec une entière défiance de vous-même, vous demeuriez toujours abîmé et comme tout perdu dans les abîmes du pur amour. Je ne sais si vous pourrez comprendre ce que je veux vous dire.

Vous me réjouissez beaucoup de me dire la sainte messe au mois de mars [1], qui se peut appeler le mois de mon Seigneur Jésus-Christ, à cause des grands mystères qui s'y sont opérés. Ah ! que de bonheur pour vous, lorsque vous offrirez ce grand sacrifice d'amour ! Je vous y accompagnerai en esprit autant que je le pourrai, et c'est bien de bon cœur que je vous donne, autant que je le peux, tout ce que je ferai d'ici là, ou plutôt je prie le sacré Cœur de vous appliquer et vous revêtir de ses mérites et de ses dispositions.

Je communie et j'entends la messe à votre intention. Pour d'autres prières, je n'en fais guère, outre celle d'obligation, que le chapelet, que je dis

[1] Le P. Croiset a dit sa première messe le Jeudi saint, en 1690, qui cette année-là tombait le 23 mars.

fort indévotement, et avec tant de peine que quelquefois j'en demeure toute interdite. La parole me manque pour poursuivre, mon divin Maître me rendant impuissante à le prier vocalement. Et si vous saviez les résistances que je lui ai faites pour cela !... Quoique souvent on me les ait défendues, je les quittais pour un peu, et puis je les reprenais. Puis mon Souverain m'en faisait de sévères réprimandes, de même qu'au sujet de la lecture spirituelle, où je me trouve souvent, quelque violence que je me fasse, impuissante à lire dans le livre que je tiens. Mais au lieu de celui-là, l'aimable Cœur de Jésus m'est ouvert comme un grand livre, où il me fait lire des leçons admirables de son pur amour, qui ne se rebute point pour toutes mes résistances. Souvent je combats avec lui, mais il est toujours victorieux et moi confuse : jamais il n'a été un si bon Directeur, car en enseignant il donne le moyen de le faire, ou bien il le fait lui-même.

Je vous avoue de bonne foi qu'il me conduit par un chemin tout opposé à mes inclinations [1]. J'ai une aversion étrange pour tous les emplois de la religion, et d'aller au parloir, et d'écrire des lettres. Et cependant, il faut que je me sacrifie à

[1] Le P. Croiset a reproduit ce paragraphe dans son abrégé de la vie de Sœur Marguerite-Marie Alacoque, p. 62. — *Vie et œuvres* , t. II, p. 267, lettre 125, § 2.

tout cela, ne m'ayant point donné de repos que je ne m'y fusse engagée par vœu. Je ne laisse pas pour cela d'y sentir plus de peine qu'auparavant; mais j'embrasse cette croix avec les autres, dont il plaît à mon divin Maître de me gratifier, vous avouant qu'il m'aurait oubliée ou abandonnée.

Il me semble que votre vœu, si je ne me trompe, agrée beaucoup à ce divin Cœur, *qui* en fera le lien d'une union indissoluble avec lui. C'est une arme puissante pour se défendre contre l'ennemi de notre salut, qu'un vœu bien pratiqué.

Et pour ce qui me regarde, je vous suis obligée de ce que vous me dites touchant les grâces continuelles que je reçois de ce Souverain de mon âme, lequel m'y a fait trouver beaucoup de consolation et d'assurance dans mes craintes de me tromper. Je puis vous assurer, *cependant*, que quand vous m'auriez fait connaître que tout ce que je vous ai dit n'est qu'illusion et tromperie, j'en serais demeurée en paix. Il n'est pas à mon pouvoir, ce me semble, depuis que ce Souverain s'est rendu le Maître absolu de mon esprit et de mon cœur, d'en faire autre usage, ni exciter aucun mouvement que comme il lui plaît. Il s'est tellement emparé de toutes les puissances de mon âme, je le sens agir en moi si indépendamment de moi-même, que je ne peux faire autre chose que d'adhérer et me soumettre à ce fait, si bien que je ne m'en suis pas retirée. Quelque effort et résistance que j'aie fait à cet esprit, il a toujours été victorieux du mien.

Mais je vous conjure, par tout l'amour que vous portez à mon Seigneur Jésus-Christ, de ne pas craindre de me dire tout ce qu'il vous fera connaître de mauvais en ma conduite, puisque je ne prétends que de l'aimer en souffrant. Qu'il fasse au reste de moi tout ce qu'il lui plaira, car la vie m'est un continuel martyre; et le plus grand sacrifice qu'il me faut faire continuellement, c'est d'en accepter la longueur : je n'y goûte aucun plaisir que celui de n'en point avoir.

Et pour ce que vous désirez que je continue à vous parler des grâces du sacré Cœur, votre dessein de les mettre dans votre livre me fera désormais demeurer en silence sur ce sujet. Je vous ai déjà dit que je n'y voulais être connue en aucune manière : je vous avoue que je me livrerais plutôt à tous les tourments imaginables, et vous n'ignorez pas que tout est à craindre tandis que nous sommes en cette vie de corruption.

Ainsi n'attendez plus à faire votre ouvrage, selon que je crois fermement que le Seigneur le veut de vous et selon les marques que je vous ai dites. Et, de plus, je ne peux m'empêcher de vous dire que comme le Saint-Esprit est ennemi des remises, si vous retardez davantage, je crains qu'il ne retire les grâces qu'ils vous avait destinées et qu'il ne les transporte encore à un autre. Voilà ma pensée, mais je me soumets à tout ce que vous en jugerez.

Et pour l'ardent désir qui vous presse de vous faire un saint, oui, je l'espère de la grâce du sacré Cœur, *il* vous rendra un grand saint; mais je pense qu'il vous sanctifiera à sa mode et non à la vôtre. C'est pourquoi laissez-le faire, le regardant toujours pour le glorifier en vous anéantissant, et il vous regardera pour vous purifier en vous sanctifiant.

Et pour ce que vous me recommandez de prier pour ceux que le Seigneur vous a donnés, je n'y manquerai pas. Et pour suppléer à tout ce qui manque de ma part, j'entends, autant que je le peux, une messe extraordinaire tous les jours, selon vos intentions. Mais je vous confesse que je crains beaucoup d'arrêter le cours des miséricordes de mon Dieu sur votre âme, à cause de mes infidélités et de la vie tiède et languissante que je mène, dont j'ai tant d'horreur que je n'ose plus me regarder, mais seulement l'aimable Cœur, dans la miséricorde duquel je demeure toujours toute anéantie, non pour jouir mais pour souffrir.

Si vous saviez la douleur que je souffre, dans la pensée que je suis un obstacle au dessein qu'il a de se *faire* connaître et aimer ! Priez-le qu'il m'ôte plutôt de la vie, sans avoir nul égard à mes intérêts.

BANNIÈRE COMMÉMORATIVE

Du pèlerinage à Paray-le-Monial et de la consécration de 150 représentants de l'Assemblée nationale

(29 juin 1873).

Et pour ce jeune écolier, dont vous me parlez, je ne manquerai *pas* de prier Notre-Seigneur de lui faire connaître sa sainte volonté sur le choix de sa vocation. Si vous jugez à propos de le faire communier pendant cinq vendredis, pour cela, à l'honneur du sacré Cœur de Jésus-Christ, et s'il se sent, après cela, porté à votre manière de vie, qu'il l'embrasse sans crainte; car j'espère, en la grâce de mon Dieu, qu'il y fera de bons fruits après plusieurs combats.

J'ai reçu la lettre du Révérend Père Gette, et rassurez-le que je lui fis réponse. Presque en même temps je la donnai au Révérend Père Froment; cela m'affligerait fort si elle était perdue. Cependant je ne l'oublie pas, non plus que le Révérend Père de Villette, par devant le divin Cœur de notre adorable Maître, suivant l'assurance que je leur en ai donnée plusieurs fois. Souvenez-les aussi de ne pas s'oublier de leurs promesses à ce sujet.

Enfin, après plusieurs reprises, je crois avoir répondu à tous les points de votre lettre; faites-en *de* même sur celle-ci. Et surtout ne manquez *pas* de le faire sur ce que je vous vais dire : Dois-je succomber à l'étrange peine que je sens, malgré mon vœu, d'accepter les emplois de la religion, en les refusant autant que je le pourrai? *Dois-je* de même aller au parloir et écrire des lettres, à quoi j'ai tant de peine, que, si l'obéissance ne m'y obligeait, je ne ferais point de réponse à personne, lorsqu'on m'écrit, afin de m'anéantir et m'ensevelir dans un parfait oubli?

Je ne sens de plus grande consolation que de me voir dans l'oubli et le mépris des créatures, afin d'avoir plus de temps pour *me* consumer en la présence du Très Saint-Sacrement, qui est tellement le centre de mon cœur, qu'il ne trouve de repos que là où il le sentirait continuellement. Je ne suis faite que pour cela; et à quoi peut être utile une pauvre *et* chétive religieuse comme moi? Je crains fort que le démon, sous prétexte de vouloir profiter aux autres, soit dans le parloir ou les créatures, ne me perde moi-même. Qu'en pensez-vous?

Au reste, ne me consultez jamais en tout ce qui me concerne; car je n'ai ni jugement ni discernement pour moi-même. Dans le moment que je vous parle, je suis réduite dans un état si souffrant que je ne me connais pas moi-même; car tout l'être spirituel et corporel sont plongés dans la souffrance, en telle sorte qu'il ne faut pas vous tromper en vous faisant croire que je prie pour vous. Je ne me sens de puissance que pour souffrir sans appui, sans compassion ni consolation du ciel ou de la terre, et sans désirer d'en recevoir que ce qu'il plaira à mon souverain sacrificateur, devant lequel je suis une victime gémissante et immolée à la divine justice. Je ne peux donc rien à présent que souffrir en silence : voilà toutes mes prières.

Mais, mon Dieu, faut-il que malgré moi je ne puisse fermer cette lettre sans vous dire que, nonobstant toutes mes résistances, le divin Cœur de mon adorable Maître vous laisse libre sur tout ce que je vous ai dit de sa part, comme étant chose qui ne m'appartient pas, mais ses biens propres. Mais suppliez-le, je vous conjure, qu'il lui plaise de me retirer la vie, où je ne peux plus soutenir les reproches qu'il me fait de mes résistances. Pour me faire soumettre à vous dire ce que dessus, il a fallu qu'il ait renouvelé en moi cette première grâce où il m'était montré un Cœur toujours présent, jetant des flammes de toute part, avec ces paroles :

« Si tu savais combien je suis altéré de me faire aimer des hommes, tu n'épargnerais rien pour cela ! »

Et d'autre part j'entendais ces paroles :

« J'ai soif, je brûle du désir d'être aimé. »

Et cela faisait de si fortes impressions en moi que je me fondais en larmes, ne pouvant contenter son amoureux désir, ce que j'espère que ses fidèles serviteurs feront à présent, comme il m'a promis qu'il m'adresserait ceux qu'il s'était destinés pour cela.

Mais je vous conjure, par tout l'amour que vous lui portez, qu'en voulant le glorifier vous ne me fassiez nullement connaître ni de parole ni d'écrit. Ne me refusez pas cette grâce, si vous avez quelque bonté pour moi. Ne me causez pas ce tourment; mais priez pour moi qui n'en peux avoir, ce me semble, un plus extrême besoin.

Et pour ce que vous me direz tant de messes que je voudrai, je ne vous peux exprimer la reconnaissance que j'en ai; mais je n'ai qu'impuissance et pauvreté de ma part. Cependant, j'espère que mon souverain Maître vous récompensera de tout et que vous ne perdrez rien. Mais vous me marquerez le nombre qu'il vous inspirera de m'en dire, afin que je communie aussi pour vous. Je ne sais si vous pourrez comprendre tout ce que je vous dis ici, et si même vous pourrez le lire.

D. S. B. [1]

[1] Dieu soit béni !

SEPTIÈME LETTRE

De notre monastère de Paray, ce 18 février 1890.

Mon Révérend Père,

J'ai reçu la vôtre du 29 janvier, sans laquelle vous n'auriez point eu de réponse à la précédente : n'ayant pas gardé le secret si fidèlement que vous me l'aviez promis sur la confidence que je vous fais dans nos lettres, la connaissance de plusieurs choses en est déjà venue dans notre communauté, ce qui ne m'est pas une petite peine. Mais, DIEU soit béni, la croix est bonne lorsqu'elle nous vient d'une si sainte cause, comme est l'intérêt de l'aimable Cœur de JÉSUS. Néanmoins, comme je vis que l'on m'en parlait, et que je ne voulais pas que l'on sût que j'y avais aucune part, j'envoyai quérir la réponse que j'avais faite à la vôtre première : je *l*'avais donnée au R. P. Léau pour la brûler, mais notre Mère supérieure me le défendit. C'est pourquoi je vous l'envoie toute débiffée [en mauvais état], et ne sais si vous la pourrez lire; mais je n'en ai pu écrire *une* autre. Et je suis même dans le dessein de ne plus écrire à personne, ayant rompu tout commerce et *toute* communication pour le parloir et les lettres, à la réserve d'avec vous; ce que je crois qu'il faut encore faire. *Je* ne puis plus résister à l'Esprit qui m'attire si fortement à la vie cachée et inconnue, pour apprendre à aimer et souffrir en silence. *Je* vous avoue que mes *souffrances* s'augmentent si fort, à mesure que la gloire du divin Cœur s'augmente, qu'il semble parfois que tout l'enfer est déchaîné contre moi, pour me réduire au néant. Ainsi je suis battue de toutes parts, sans que cela m'épouvante, me tenant fortement abîmée dans mon fort assuré, je veux dire le divin Cœur de mon bon Maître, lequel, comme un sage conducteur, ne me distribue des forces que ce qu'il m'en faut justement en chaque occasion.

Mais pour répondre un mot à ce que vous me dites, de faire douze méditations, une pour chaque premier vendredi du mois, je ne vois pas qu'il y ait grande différence entre celles-ci et une retraite spirituelle, laquelle j'ai toujours souhaitée et souhaiterais encore à présent, si vous m'en demandez ma pensée, sans vous pouvoir dire autrement. Mais comme vous me dites que plusieurs personnes de mérite le jugent mieux autrement, ainsi je me soumets facilement, étant plus sûr *pour vous* de suivre leurs sentiments que les miens.

Et pour ce qui est du R. P. Froment, il est vrai

qu'il a composé un livre entier à l'honneur du divin Cœur de Jésus, et va l'envoyer à Lyon pour le faire imprimer [1]. *Il était* même commencé avant le vôtre, lequel, aussitôt qu'il le vit, il ne me sut pas gré de ne l'en avoir pas averti, jusqu'à ce que je lui ai fait entendre qu'il s'était fait sans ma participation. Mais il n'est point dans le dessein de *se* désister, même encore que je lui aie fait savoir que l'auteur du premier livre composait encore des méditations.

Il sut d'abord que c'était vous, et je vous avoue que je ne vous en avais pas parlé, crainte que cela ne vous fît de la peine *dans* l'exécution d'un ouvrage que, (je crois), Dieu demande de vous. Voilà pourtant qui vous causera de la peine à l'un et à l'autre : mais il ne faut pas vous désister, pour tout ce qui en pourra arriver. Et je pense que vous feriez bien de lui en écrire, sans lui donner

[1] L'ouvrage du P. Froment ne fut publié que huit ans après la mort de la B. Marguerite-Marie.

Il a pour titre : La véritable dévotion au sacré Cœur de Jésus-Christ. Par le P***, de la Compagnie de Jésus. — A Besançon, chez François-Louis Rigoine, imprimeur du Roi, de Mgr l'Archevêque et de l'illustre Chapitre métropolitain, MDCXCIX, 12°, pp. 415 sld. de l'imprimeur; une longue préface et la triple approbation du P. Gabriel Jacob, Provincial de Lyon : Rome, 20 nov. 1696. Celle de l'archevêque de Besançon, du 16 juin 1697. Privilège accordé à F.-L. Rigoine pour huit ans, 14 novembre 1697. A la fin : Achevé d'imprimer pour la première fois, 30 mai 1699.

à connaître que j'y ai aucune part. Ainsi, au contraire, vous lui feriez entendre que vous avez

La France pénitente offre au sacré Cœur la Basilique qu'il avait demandée à la Bienheureuse.

suivi en cela l'inspiration que vous avez eue en voyant le petit livre de Dijon, y étant porté par la persuasion de plusieurs personnes dévotes à ce divin Cœur. Mais, je vous conjure que je n'y sois nullement mêlée : car, hélas! si vous saviez combien j'ai de sujet de vous faire cette prière, vous n'auriez pas *de* peine à m'accorder ce que je vous demande.

J'ai été consolée d'apprendre que vous souffrez : ce qui me confirme plus que vous êtes des bien-aimés de l'aimable Cœur de mon divin Maître. Vous n'êtes pas au bout de vos peines, mais bon courage! Persévérez à les porter comme vous me le marquez, et vous seconderez les désirs de Dieu, et vous confondrez la prétention que votre ennemi avait de vous nuire, tant par la peine intérieure qu'extérieure. Ne vous laissez point aller ni abattre, vous divertissant le plus que vous pourrez de ces pensées tristes par des états d'abandon.

Vous me dites que vous attendez de sentir des effets de ce que je fais pour vous; mais, hélas! mon cher Frère, que je crains qu'au lieu de vous attirer des grâces du ciel, je n'arrête le cours des divines miséricordes! Si je vous pouvais exprimer ce néant de misères où je me trouve abîmée, vous en auriez sans doute compassion, par la charité qui nous unit dans ce divin Cœur. Mais enfin vous pouvez être assuré de ce peu de puissance qui me reste, dans toutes mes dispositions pénibles : je les emploie à prier pour vous, et pour ceux qui s'emploient avec vous à faire honorer le divin Cœur de mon souverain Maître.

Je ne peux vous exprimer ma joie de savoir que vous direz bientôt la sainte messe. En attendant, tout ce que je pourrai faire sera pour vous, autant qu'il plaira à mon souverain Maître de vous l'appliquer. Je ne manquerai pas de faire les deux communions que vous me demandez.

Et je ne peux m'empêcher de vous dire encore, avant de finir, que votre disposition me semble très bonne, parce qu'elle vous conduit au parfait dénuement de vous-même, pour y établir Jésus-Christ. Vous devez tellement vous occuper de lui, que vous n'ayez plus de temps pour vous souvenir de vous-même, demeurant tout perdu en lui parmi vos peines, troubles et appréhensions; car il ne vous manquera jamais.

Au reste, j'ai de la consolation de savoir que le R. P. Gette est toujours zélé pour la gloire de l'adorable Cœur de notre divin Sauveur, devant lequel je n'oublie pas non plus le R. P. de Villette. Je les supplie aussi de ne pas m'oublier, pendant que je me vais entièrement ensevelir et renfermer dans ce divin Cœur, pour y garder un perpétuel silence; et, pour cet effet, vous ne trouverez pas mauvais que vous ne receviez plus de mes lettres, espérant que cela ne vous empêchera pas de travailler à la gloire de notre Souverain, dans l'amour duquel je suis toute vôtre, etc.

HUITIÈME LETTRE

De notre Monastère, ce 15 avril 1690.

Mon Révérend Père,

Je n'ai le temps que de vous faire ce mot, pour répondre à la vôtre dernière, laquelle m'a extrêmement surprise par la plainte que vous me faites de n'avoir point reçu de réponse aux deux lettres précédentes. J'y ai répondu fort amplement, et vous les *ai* envoyées par M. Paquay, qui m'en remit une des vôtres et me fit fort presser d'y répondre. Je le fis, et on lui donna ma lettre pour vous la remettre. Et voilà que vous me dites n'en avoir point reçu.

Tirez-moi, je vous en conjure, de la peine où je suis qu'elle ne tombe entre quelque autre main que les vôtres ; ce serait une chose des plus mortifiantes pour moi, qui ne me sens pas dans le pouvoir de vous répéter ici ce que je vous ai dit.

Cependant, le doute où je vous vois que je n'oublie de prier pour vous m'afflige plus que je ne vous peux dire, puisque je cesserais aussi tôt de le faire pour moi. Mais dites que ce sont mes péchés qui vous empêchent d'en ressentir les effets, et que je ne suis capable que d'arrêter le cours des grâces et miséricordes du Seigneur, à cause de mes ingratitudes et infidélités ; elles m'ont attiré cette sensible douleur que je sens, de me voir la cause que cette œuvre, qui tend *si directement* à la gloire de l'adorable Cœur de mon Sauveur, soit retardée. Cela m'est un rude tourment, quoique je ne veuille que sa sainte volonté et que je n'y voie pas de ma faute.

Je vous ai répondu sur tous les articles de vos lettres autant que je l'ai pu, et sur la proposition que vous faisiez de ne faire que douze méditations. Je vous avoue que je n'ai jamais pu changer notre premier désir, qui était de trente, ainsi que vous me l'aviez marqué. Toutefois, après vous en avoir dit ma pensée, comme vous le souhaitiez, je me soumets à tout ce que vous jugerez à propos.

Mais je réitère encore ici ma prière, qui est qu'en faisant connaître le sacré Cœur de mon Souverain, vous me laissiez toujours anéantie, sans me faire connaître en aucune manière, puisque je m'y sens si fortement attirée, *ne désirant que de* m'éteindre et me rendre inconnue, méprisée et oubliée.

J'eus le bonheur de passer la nuit du Jeudi-Saint devant le Saint-Sacrement, avec un grand contentement de mon âme ; mais *ce fut* pour vous comme pour moi, qui n'ai pas manqué d'assister en esprit à votre *première* messe, sachant bien que j'y avais bonne part, et j'en ai senti des effets par des secours extraordinaires [1].

Je n'ai pas manqué de faire les communions que vous m'aviez demandées, et je m'y suis sentie de plus en plus pressée de vous prier de ne plus retarder votre ouvrage, de le faire le plus parfaitement qu'il vous sera possible, et de n'y rien épargner de votre part, étant confirmé de plus en plus qu'Il veut cela de vous, si je ne trompe, et cela par des preuves que je ne vous peux pas décrire ici.

Le R. P. Froment [2] est résolu de continuer son ouvrage. Je vous marquais que vous feriez bien de lui écrire ; mais, au nom de Dieu, ne lui faites aucune mention de moi, pour de bonnes raisons.

Nous allons changer de Supérieure, et je ne sais pas si une autre agréera ce petit commerce spirituel. Priez bien l'adorable Cœur de Jésus de

[1] Le P. Croiset a dit sa première Messe le Jeudi-Saint, 23 mars 1690.

[2] Le P. François Froment passa six années à Paray-le-Monial, où il fit ses vœux de profès le 2 février 1684. Il mourut au collège de Grenoble le 21 octobre 1702. Les *Annales* de la Compagnie font de lui cet éloge : « Vir angelicis moribus, suavitate tanta ut nemini unquam molestus fuerit, saluti animarum indefessus incumbens. »

nous donner une Supérieure de son choix. Ne laissez pourtant pas d'écrire, comme à l'ordinaire, et je vous répondrai si je le puis.

Maria *concepta sine peccato.*

Chambre où la B. Marguerite-Marie a rendu le dernier soupir, le 17 octobre 1690.

NEUVIÈME LETTRE

Vive Jésus!

Ce 16 mai 1690.

Mon Révérend Père,

Je viens de recevoir la vôtre, en la présence de mon adorable Maître, devant le très saint Sacrement, où je l'ai lue avec une grande consolation, tant de voir vos souhaits accomplis que d'apprendre les grandes grâces et miséricordes que mon divin Sauveur verse, avec tant de profusion, dans votre âme. Je l'en ai remercié avec toute l'ardeur et l'affection dont je suis capable dans son aimable Cœur. Pour cela, j'ai entendu deux messes, en le bénissant mille fois de ce qu'il vous fait si bien connaître ce que c'est que vos peines, ses desseins sur vos souffrances et la manière dont vous en devez user; il me semble n'avoir *rien* à vous dire là-dessus, sinon de correspondre fidèlement, comme grâce à Dieu vous le faites.

Il est vrai, je pense, l'ennemi n'a dessein par tous ces troubles, qu'il suscite en vous, sinon de vous abattre le courage, diminuer en vous cet ardent et pur amour de Dieu, et cette grande confiance, qui vous est un fort soutien, et qui vous attire tant de grâces, et, par ce moyen, vous faire désister de votre sainte entreprise pour la gloire de Dieu. Par son infinie bonté, Il a fait *tourner* toutes ces batteries à sa plus grande gloire, pour votre sanctification et la confusion de votre ennemi, qui peut-être, ne se rebutant pas, vous livrera encore de plus grands combats. Mais j'espère que l'adorable Cœur de Jésus vous rendra toujours victorieux.

Enfin, vous êtes prêtre, et vous avez l'honneur de sacrifier et offrir, tous les jours, mon adorable Sauveur à son Père éternel. Quelle consolation et quelle joie pour moi, que j'en puisse faire tous les jours de même par votre entremise, et que je m'estime heureuse de vous savoir jouissant de ce bonheur incomparable! Profitez-en, et faites que ce soit toujours avec de nouvelles grâces. Je me sens plus redevable à sa bonté infinie, que s'il me les faisait à moi-même; parce que j'espère que vous en ferez meilleur usage que moi.

Je ne sais comment exprimer les sentiments de reconnaissance que j'ai, des grandes et très grandes charités que vous me faites et me promettez. Je n'en aurais jamais tant osé espérer; mais mon Souverain, qui sait l'extrême besoin que j'en ai, vous l'a inspiré ; aussi est-ce là toute ma force et mon soutien, dans les divers états de souffrance que j'ai à soutenir continuellement. *Ils* sont quelquefois *si* extrêmes que, mille fois, j'y succomberais sans le secours dont je vous parle, c'est-à-dire le Cœur de mon aimable Jésus au très saint Sacrement. Hors de lui, il n'y a ni plaisir, ni joie, ni consolation pour moi en la vie.

Je vous avoue confidemment que je ne puis plus douter de l'effet des paroles que mon divin *Maître* me fit entendre dans le commencement, *alors* qu'il m'apprit à connaître son aimable Cœur. Il a enseigné à son indigne esclave qu'il voulait rendre, lui-même, sa vie entièrement conforme à celle de l'Homme-Dieu, en la rendant une véritable copie de Jésus pauvre, humilié, méprisé, souffrant. Et *je suis* tellement abandonnée et destituée de tout soutien, que souvent je m'écrie avec lui sur la croix : « Mon Dieu ! mon Dieu ! pourquoi m'avez-vous délaissée ? »

Comme il ne m'est pas permis d'exprimer mes peines, mais seulement de les souffrir en silence, je n'en dirai rien, sinon que je trouve quelque chose de semblable dans les dispositions que vous me marquez dans votre *lettre*. Vous me demandez ce que je veux faire pour vous, pour tant de bien et de charité que vous me faites. Je vous réponds que je ne peux rien faire ; mais il me semble qu'en lisant votre lettre, qui me mettait dans l'étonnement de voir que vous voulussiez exercer de si grandes charités à l'égard d'une si misérable et indigne créature, ce Souverain de mon âme m'a fait entendre, si je ne me trompe, qu'il vous rendrait tout avec abondance et profusion. A mesure que vous faites tous ces biens pour moi, il les reçoit comme un présent que vous lui faites à lui-même; il vous *en* enrichit premièrement, plus que si vous le faisiez pour vous; et puis il dispose du reste comme il lui plaît.

Mais pourquoi dites-vous que vous me demandez trop au sujet des communions? Je peux vous assurer que, de bon cœur, j'offrirais pour vous toutes celles que j'ai le bonheur de faire, s'il m'était libre d'en disposer ou d'en prendre selon l'ardent désir que j'en ai. Mais, dans les communautés, il ne faut rien d'extraordinaire que l'amour et la croix. Nous ne communions que deux fois par semaine pour l'ordinaire, savoir le dimanche et le jeudi, et on ne me le permet, de plus, que les premiers vendredis du mois. Voilà tout ce que je peux faire à votre intention; car, hors ces temps-là, je ne communie que par l'amour et la croix de cet unique amour de mon âme, qui m'unit à lui par ces moyens d'une manière inexplicable.

Vous me faites un grand plaisir, quand vous me dites les progrès de notre aimable dévotion;

car l'on nous a dit, qu'à cause de celle de Molinos [1] et quiétisme, l'on allait défendre toutes les dévotions nouvelles ; que l'on ne souffrirait pas qu'il s'en établît aucune, et qu'ainsi celle du sacré Cœur de Notre-Seigneur serait aussi bien retranchée que celle de la Sainte-Enfance, laquelle on a envoyée à Rome pour être examinée. Mais, de tout cela, je ne m'en afflige pas, puisque je ne cherche en cela que l'accomplissement du bon plaisir de mon Souverain : s'il le prend à détruire ce qu'il a commencé, je l'y prendrai avec Lui, m'en faisant *un* de ma sensible douleur, sachant bien qu'il est assez puissant pour soutenir, poursuivre et achever ce que lui-même a commencé. Et pour cela, il se servira même de toutes les contradictions et oppositions de tous ceux qui lui sont contraires, pour s'en servir *comme* d'un plus solide fondement, afin de l'établir. Enfin, c'est son affaire, et je m'abandonne à tout ce qu'il en fera.

Quant à ce que vous me dites, je vous ai déjà dit que si cela peut se faire sans que j'y sois connue en aucune manière, je consens à ce que vous demandez. Mais je n'y veux point être aperçue

[1] Michel Molinos fut dénoncé à Rome pour ces doctrines quiétistes, et l'Inquisition condamna 68 de ses propositions.
On ne doit pas confondre Michel Molinos avec le P. Louis Molina, célèbre théologien de la Compagnie de Jésus, dont la doctrine est parfaitement orthodoxe.

pour y avoir aucune part, vous assurant, autant que je le peux connaître, que mon Dieu ne veut point de moi ce sacrifice ; si je connaissais qu'il le voulût, je n'hésiterais pas un moment de le lui faire.

Mais si vous agissez autrement, vous mettrez un obstacle à ce que vous pensez établir, parce que je sais que mon Souverain n'a que faire d'un si vil et si misérable instrument pour l'accomplissement d'un si grand dessein, qui lui doit procurer tant de gloire pour le salut de tant d'âmes. Si je le pouvais exprimer, comme Il me semble me le donner à connaître, votre zèle se redoublerait encore pour cette aimable dévotion. Et quand même il vous jugerait digne de souffrir quelque chose pour ce sujet, je vous en estimerais heureux et m'en réjouirais, comme je fais lorsqu'il me gratifie de cette faveur.

Et pour ce qui est d'examiner de quel *esprit* vient ce que je vous dis et vous ai dit, tant au sujet de cette aimable dévotion qu'autrement, vous me ferez plaisir de m'en dire nettement votre pensée, pour la grande crainte que j'ai toujours d'être trompée, sans que je me puisse détromper, quelque effort que je fasse. *C'est* que cet esprit, qui me conduit, a pris un si absolu empire sur tout mon être spirituel et corporel, qu'il me semble qu'il vit et agit plus en moi que moi-même. Quelque résistance que je lui fasse, je ne peux empêcher ses opérations; il m'en faut toujours venir au point qu'il veut, et ainsi jugez-en; car je ne me sens attachée qu'à ce Souverain de mon âme, et non point à ses faveurs, quelque grandes qu'elles soient à mon égard. Il me les donne, il me les ôte, comme il lui plaît, sans que cela me fasse peine, faisant tout mon plaisir de son seul contentement.

Je serais trop longue si je vous exprimais les effets de ses bontés et de sa conduite à mon égard; mais je crois vous en avoir dit suffisamment, aussi bien que des excessives libéralités de son aimable Cœur, pour vous en faire connaître l'illusion. Je vous en conjure, par tout l'amour que vous portez à mon Seigneur Jésus-Christ, ne me la dissimulez pas, après que vous l'aurez examinée avec ceux que vous me dites, mais sous le secret; car je veux vivre inconnue et, pour cela, vous ne me ferez connaître à aucun de vos Pères qui viennent en cette ville.

Vous me donnez une grande consolation, quand vous me dites que ce saint personnage s'y emploie avec zèle, car c'est une des âmes choisies pour donner une grande gloire à Dieu par ces moyens.

Je suis bien aise que vous ayez envoyé cette dévotion à Malte. Étendez-la autant qu'il vous en donnera les moyens. Pour moi, il m'a fourni l'occasion de l'envoyer à Québec, et ainsi j'espère que ce divin Cœur sera connu et aimé dans tous les coins du monde.

Et pour ce que vous me dites au sujet de ces jeunes écoliers, qui désirent se donner à Dieu, ce n'est pas à une misérable pécheresse, comme moi, d'avoir la témérité de donner à connaitre la volonté de Dieu, en ce qui regarde la vocation, ni aucune autre chose. N'attendez pas cela de moi, je vous en prie, ni ne me le demandez pas ; et, si mon grand orgueil me portait jamais à le faire, ne tenez cela que pour tromperie et déception. Mais je ne manquerai pas de prier Notre-Seigneur de leur faire connaître sa volonté, et de leur donner les grâces nécessaires pour l'accomplir courageusement, sans plus tant écouter leurs peines ; car celui qui les appelle ne leur manquera pas : il est assez puissant pour soutenir son œuvre, s'ils se confient en lui.

Je ne manquerai pas d'offrir la sainte communion à leurs intentions et pour offrir ce bon Père, votre ami, lequel, comme je le pense, se fait un grand tort à lui-même depuis le temps qu'il dispute son cœur à Celui qui l'a créé pour son amour, et lequel a un si grand désir de le posséder absolument et *de* s'en rendre le maître, pour lui départir abondamment ses grâces. Mais ce n'est pas à moi de dire tout ce que Notre-Seigneur désire de lui ; je prierai sa bonté de *le* lui faire connaître et de lui donner le courage de l'exécuter. Il me semble qu'il ferait bien de se consacrer à l'adorable Cœur de Jésus-Christ, et de *se* rendre fidèle à suivre ses saints mouvements; mais cela fortement et constamment, par un entier oubli et mépris de tout ce qui l'empêche de se faire un grand saint.

Je crois que vous ne devez point écouter la peine que vous sentez à confesser, car elle vous sera d'un grand mérite, si vous y persévérez courageusement. Dieu en sera beaucoup glorifié, par le support charitable que vous exercerez envers les pécheurs pénitents.

Vous me faites grand plaisir, quand vous me dites que vous avez dessein de faire votre livre le plus parfaitement que vous pourrez. Il vaut mieux y mettre plus de temps, car rien ne vous presse que l'amour de mon adorable Sauveur; n'y oubliez pas les litanies du Cœur de la très sainte Vierge, votre bonne Mère.

Je suis bien aise que le R. P. Gette ait quelque part en cet ouvrage par le moyen de l'office qu'il a composé. C'est un très saint religieux et un parfait ami du sacré Cœur de Jésus-Christ [1], lequel

1 Quel est ce P. Gette, qui cédant, à une inspiration irrésistible, offrait tous les samedis la sainte messe pour la Bienheureuse? Quel est ce Père dont Marguerite-Marie a pu dire qu'il serait un second Père de la Colombière? (Lettres XLI, LXXXIII et LXXXIV de la Bienheureuse, édition

je bénis et remercie de tout mon cœur de vous avoir donné l'inspiration de mettre un saint François de Sales dans votre image avec un bienheureux Louis de Gonzague. Car il est vrai que ce grand saint a beaucoup de part en cette aimable

de Paray). — Les archives de Rome nous permettent de répondre à cette question.

Le P. Antoine Gette (ou *Jette*) était de Lyon. Né le 13 août 1653, il entrait le 7 septembre 1669 dans la Compagnie de Jésus, et faisait le 15 août 1686, à Embrun, sa profession des quatre vœux. Il est vraisemblable qu'envoyé en 1684-85 dans sa ville natale, pour y suivre les exercices du troisième an de probation, il y eut connaissance de la Retraite du P. de la Colombière et apprit les manifestations du sacré Cœur à l'humble religieuse dont les échos de Paray lui livrèrent le nom. De là, l'idée de la recommander tous les samedis au saint Sacrifice; de là aussi la composition de cet office du Sacré-Cœur dont Marguerite-Marie fut si pleinement satisfaite.

A-t-il fait autre chose pour ce Cœur adorable? Nous savons qu'on lui confia dans la Compagnie les emplois et les charges les plus honorables; qu'il enseigna six ans la philosophie, six ans aussi la théologie, et qu'il fut douze ans recteur. Nous savons que, dans toutes ces fonctions, dans l'art d'enseigner comme dans celui de gouverner, il mérita tous les suffrages : mais a-t-il fondé une Œuvre, écrit un livre en l'honneur de ce Cœur de Jésus, dont il était aimé et qu'il payait d'un généreux retour? Les souvenirs incomplets qu'on a de lui n'en disent rien. Ils le présentent comme un religieux éminent dans tous les genres de talents et de vertus, comme un apôtre infatigable, en un mot comme un vrai fils de saint Ignace, et digne d'être compté parmi les plus illustres ouvriers de la Compagnie : mais ils ne parlent pas de ce qu'il a pu faire pour le sacré Cœur.

Nous croyons cependant que le P. Gette n'a pas trompé les espérances de la Bienheureuse; et que sans avoir atta-

dévotion et, de plus, cela donnera un double agrément aux Filles de la Visitation [1].

Au reste, vous ne dites plus rien des indulgences que vous avez dessein de faire venir ; je crois que vous n'y pensez plus.

On nous a mandé que Monseigneur l'Archevêque de Vienne a approuvé cette dévotion ; mais ne vous oubliez pas.

Je vous en prie encore une fois : que je ne paraisse point dans votre livre et que, sous quelque prétexte que ce puisse être, je n'y sois point connue ; car si je vous pouvais exprimer la peine que je souffre, lorsque l'on me donne à connaître que l'on pense que j'y ai quelque part, il me semble

ché son nom à aucune œuvre d'éclat, il n'a négligé aucune occasion de propager la dévotion du divin Cœur dans les âmes. Sur la fin de sa vie, il eut sa part des bénédictions dont Notre-Seigneur était si prodigue envers son humble servante : il fut atteint d'une affection cancéreuse à laquelle il succomba, consumé par la fièvre, le 22 mars 1729, dans la ville même où il était né. (Note du R. P. Letierce, auteur d'ouvrages très estimés sur le sacré Cœur.)

[1] Le P. Croiset a mis en tête de son livre l'image dont parle ici la Bienheureuse.

Le sacré Cœur de Jésus, environné de flammes, est au centre de l'image. A droite, la très sainte Vierge, avec une douce majesté, invite toutes les âmes à avoir recours à ce Cœur adorable.

Dans la partie inférieure, saint François de Sales et saint Louis de Gonzague sont en adoration devant le sacré Cœur.

d'abord que tout le monde s'en va rebuter à cause de moi.

Et lorsque les prédicateurs en prêchent en ma présence, je ne sais d'où vient qu'il me semble, pendant tout ce temps-là, être plongée dans *un* purgatoire composé de toute sorte de tourments, où je souffre un martyre que je ne pourrais soutenir sans le soutien de la puissance de Celui qui me fait souffrir.

Non, nous n'avons point encore changé de Supérieure; c'est pourquoi je profite de la bonne volonté de la nôtre pour vous écrire. Si celle que nous aurons ne l'agrée pas, je ne vous répondrai plus à celles que vous m'écrirez, et ainsi vous le prendrez tout en l'amour du sacré Cœur.

MARIA *concepta est sine peccato.*

DIXIÈME LETTRE

Vive Jésus!

Du 21 août 1690.

Je vous réponds aussitôt après avoir reçu la vôtre, pour vous ôter tout sujet de plainte sur mon retardement à le faire, quoique vous deviez avoir reçu la réponse à la vôtre dernière, où je vous en marquais la cause que je ne répéterai pas ici. Mais seulement je vous dirai que vous avez bien su trouver les moyens de me faire écrire, ainsi comme vous me l'avez dit, car jamais je ne l'aurais pu croire. *Je* vous avoue, de bonne foi, qu'il n'y a que le seul intérêt du Cœur tout aimable de mon Souverain qui ait le pouvoir de me faire faire cet effort. Et sachez que s'il ne vous avait pas choisi pour lui rendre l'honneur et la gloire qu'il attend de vous par l'ouvrage auquel vous travaillez, il ne m'aurait jamais été permis, quelque effort que je me fusse fait, de vous parler si confidemment, ni avec tant d'ouverture de cœur. A la vérité, je n'ignore pas que cela ne vous soit très inutile.

Il faut vous dire une chose, dont je m'oublie toujours en vous écrivant : je connais bien, par les vôtres, que ma manière simple de m'expliquer vous trompe et vous donne une idée de ce que je devrais être ; mais, à la vérité, je m'*en* vois si éloignée, que je n'y pense qu'avec crainte et tremblement. Rien ne me surprend plus, que lorsque l'on donne quelque croyance à ce que je dis, me voyant aussi méchante que je le suis.

Cependant, je ne puis me défendre de vous dire simplement mes pensées, autant qu'il m'est permis de le faire ; et rien ne m'a plus retenue sur ce sujet, que lorsque vous m'avez fait entendre que cela pourrait contribuer à me faire connaître. Oh ! que cela ne soit pas, je vous en conjure, par tout l'amour que vous portez à mon souverain Maître ! Il me semble *qu'il* n'exige point cela de moi, par l'horrible peine qu'il m'y fait sentir.

Il est vrai que j'y vois un peu de mon propre intérêt ; mais j'espère que celui de la gloire *divine* n'y sera point intéressé ni diminué. Au contraire, si l'on s'apercevait de moi dans votre livre, cela seul serait capable de le mettre à néant et d'en ôter tout l'éclat et le fruit, ma vie n'étant pas conforme aux grandes et excessives faveurs que je reçois de mon Dieu : c'est une des raisons qui m'obligent à les tenir cachées, autant que je le peux.

Mais vous ne devez rien craindre au sujet de votre ouvrage ; puisqu'Il l'agrée, c'est assez pour

Basilique du Sacré-Cœur, demandée par Notre-Seigneur à la Bienheureuse.

lui donner lui-même, par sa grâce, plus d'effet que vous n'en attendez, pourvu que vous vous appuyiez et attendiez tout de cette même grâce, et rien de la créature. Et vous faites bien de vous défier de vous-même, pourvu que cette grande confiance, que vous devez toujours avoir en la bonté de notre Dieu, règne toujours au-dessus de tout.

Vous vous surprenez de cela; ce n'est encore rien, car il faut que vous soyez éprouvé et purifié, comme l'or dans le creuset, pour l'exécution des desseins de Dieu. Ils sont grands, à la vérité, car il y aura beaucoup à souffrir de la part du démon, des créatures et de vous-même. Ce qui vous paraîtra le plus rude, sera lorsque Dieu vous semblera se mettre de partie pour vous faire souffrir; mais vous n'avez rien à craindre, puisqu'il vous aime de cette façon.

La conduite qu'Il tient sur vous me confirme dans cette pensée, et bien encore en d'autres, pas moins avantageuses pour vous; ce qui m'oblige de vous dire souvent que vous êtes heureux, si vous correspondez au choix qu'Il a fait de vous, pour faire connaître et aimer son divin Cœur. Mais, encore une fois, correspondez-y mieux que moi, quelque grande que soit la peine et répugnance que je n'ignore pas que vous ressentez, et malgré toutes les oppositions et contradictions que Satan puisse susciter à votre entreprise.

J'espère que la chose réussira, à la gloire de

notre souverain Maître et à la confusion de l'ennemi, lequel crêve de dépit de n'avoir pu empêcher cette aimable dévotion, à laquelle je vous conjure de travailler selon tout le pouvoir et les moyens que notre souverain Maître vous donnera.

Je suis bien persuadée du peu de capacité que vous dites avoir pour cet ouvrage ; car, moins il y aura de la créature et de l'esprit humain, plus il y aura de Dieu et de son Esprit divin. Dieu ne se veut servir en cela que des choses faibles, parce qu'il veut faire tout lui-même, pourvu que notre amour et notre confiance secondent son pouvoir.

Une autre marque qu'Il me donne de son choix et de son amour pour vous, c'est que toutes les fois que je vous présente à ce Cœur adorable, j'y trouve toujours un libre accès en votre faveur. *Il est* toujours prêt à répandre et *à* dilater le divin trésor de son pur amour pour vous. C'est la marque certaine que ce Souverain de mon âme a donné à sa chétive et indigne esclave ; *elle indique,* si je ne me trompe, le choix et l'agrément qu'il a pour ceux que je lui présente. Lorsqu'il ne les agrée pas, ce divin Cœur me paraît fermé et insensible ; et moi je me sens rejetée avec indignation, lorsque je veux persévérer à l'importuner pour ceux qui l'outragent et le méprisent par leurs résistances. Cela ne s'entend pas des grands pécheurs, mais de ceux qu'Il avait dessein de mettre au nombre de ses amis. Lors, dis-je, que je lui en présente de ceux-là, je me sens non seulement rebutée, mais liée et rendue comme impuissante à le faire. Cependant, quelquefois je combats si longtemps, qu'enfin j'ai ce que je désire.

Et pour en revenir à l'ouvrage de l'adorable Cœur de mon Jésus, je ne doute point qu'il n'y ait travaillé pour vous, puisque le tout, si je ne me trompe, est si parfaitement de son agrément, que je ne crois pas qu'il y faille rien changer, ni la consécration, ni l'amende honorable. Seulement, je vous dirai d'y mettre la petite consécration, laquelle, si je ne me trompe, venant de lui, il n'agréerait pas qu'elle y fût omise. Et sachez que vous devez agir librement en cette œuvre, suivant le mouvement de son inspiration pour retrancher et ajouter, selon qu'Il vous fera connaître. Il est vrai que je ne sais d'où me vient la peine que je sens, que vous remettiez à l'année *prochaine pour* le faire imprimer [1]. Toutefois, je

[1] Le P. Croiset avait dit à la Bienheureuse qu'il ne ferait imprimer son ouvrage que dans quelques années. Quelques mois après la sainte mort de Marguerite-Marie, il se sentit pressé de le livrer au public, et l'ouvrage parut au mois de juin de l'année 1691. (A Lyon, en la boutique d'Horace Molin.)

« Je mourrai, avait dit la Bienheureuse, à une de ses sœurs, je mourrai assurément cette année, pour ne point empêcher les grands fruits que mon divin Sauveur prétend tirer d'un livre de la dévotion au sacré Cœur de Jésus, que le P. Jean Croiset fera imprimer au plus tôt. »

m'y soumets, trouvant votre raison bonne, mais à cette condition que vous en ferez encore réimprimer des premiers. Je m'étonne que cela ne soit pas fait, puisqu'ils ont tant de presse, du moins en ce quartier; car, quelque envie que j'ai eue de garder un des vôtres, je ne l'ai pu faire. Ainsi, je crois être de la gloire de ce divin Cœur d'en mettre encore sous presse, pour satisfaire à la dévotion de ceux qui en désirent; mais, en cela, comme en tout le reste, faites suivant qu'Il vous fera connaître être à sa plus grande gloire.

Pour toutes vos peines et tentations, je n'y vois rien qui ne me donne plus de joie que de crainte, puisque notre ennemi s'en va toujours confus. Et puis, que devez-vous craindre, puisque vous dites la sainte Messe? O mon Dieu! que vous êtes heureux, et que vous lui devez rendre d'actions de grâces, pour toutes celles dont il comble nos âmes par ce moyen! Il me semble que nous l'en devrions remercier incessamment; ce que je fais, dans les communions que je fais tous les jeudis pour vous.

Je vous remercie mille fois de l'excès de charité que vous me faites, par les saints sacrifices que vous offrez pour moi. J'espère que l'aimable Cœur de mon souverain Maître vous *en* récompensera si abondamment, que j'ose dire que vous n'y perdrez rien.

Je vous envoie le petit billet pour M. Dmets,

lequel je peux vous assurer ne s'être fait qu'après bien *des* gémissements, des prières, etc. Vous *le* lui donnerez, après avoir dit la sainte Messe que vous m'avez promis de dire, aussitôt que vous l'auriez reçu ; mais vous la direz pour tous trois, particulièrement pour lui, afin que Dieu le dispose à en faire le profit qu'il attend de lui. Je vous avoue qu'il me fait pitié, dans ces grandes peines qu'il a à souffrir ; mais de grands trésors de grâces lui sont préparés, car c'est une âme choisie. Je vous conjure que cet écrit ne soit vu que de lui et de vous, après quoi vous le brûlerez.

Mais, encore une fois, je vous prie de ne vous point rebuter pour toutes les contradictions, peines et obstacles, qui se rencontreront dans l'ouvrage que vous avez entrepris. Pensez que Celui pour qui vous le faites, étant tout-puissant, ne vous laissera point manquer de tous les secours nécessaires, pour l'accomplir parfaitement selon son désir.

Je n'ai pas manqué de lui offrir souvent cet ouvrage, et, si je ne me trompe, je crois qu'il est selon son désir, et qu'Il promet de suppléer à tout ce qui pourrait y manquer. Pour moi, j'en suis bien consolée, je vous l'avoue, pourvu toutefois que je n'y sois connue en aucune manière.

Je souhaiterais, si vous le jugez à propos, d'y mettre à la fin une manière de dresser toutes ses

TABLE

GRAVURES

Toulouse. — Imp. Hébrail, A. Loubens, Succr, rue d'Aubuisson, 27.

www.ingramcontent.com/pod-product-compliance
Ingram Content Group UK Ltd.
Pitfield, Milton Keynes, MK11 3LW, UK
UKHW022057260726
13993UKWH00001B/173

9 782329 520636